# 舞妓さんの京都花街検定

相原恭子 著

（写真 及び 書「花街」「藝」も）

表紙　「花街」
裏表紙　「藝」
相原恭子 書

# はじめに

今や日本だけでなく外国でも知られるようになった京都花街《かがい》。そのシンボルともいえる舞妓さん。彼女たちは、千年の都・京都で今も日本ならではの舞や三味線、鳴り物などの芸や伝統、身だしなみやマナーを毎日おかあさんやねえさんたちから厳しくしつけられて、日本髪を結って着物の生活をしています。

舞妓さんから衿かえして芸妓さんになると、まさに正念場。芸にも美にも、作法にも磨きがかかります。そうしたライフスタイルに、私は21世紀の現代に生きる日本の精神と伝統の強さを見いだし、日本の誇りを感じています。

京都ならではの芸妓と舞妓の世界、花街文化を、この本とともに居ながらにして探訪してみませんか。現代の私たちの日常生活の中で忘れられた日本を、再発見できるのではと思います。どうぞどうぞ「お読みやす」。

もくじ



※各級のこたえの一覧は巻末に掲載しています。
※行事については日程等変更となる場合がございます。
最新の情報はＷｅｂサイトなどでご確認ください。

# 初級

## 1. 舞妓が締めている帯を何と呼ぶ？　舞妓のシンボルとも言える長い帯です。

足首近くまで垂れ下がり、長さ5m以上もあり、金糸・銀糸で織られた帯で「だらりの帯」と呼びます。帯の端には置屋（屋形）の家紋が入っています。手織りで逸品といわれるものは500～600万円もしますし、絹糸をたくさん使い重いものです。日本古来のおしゃれは季節により素材も変わりますから、だらりの帯も夏は涼しげな絽《ろ》や紗《しゃ》、4月と10月には織《おり》ではなく染《そめ》の帯になります。歩くとゆらゆら揺れるだらりの帯は、舞妓の愛らしさを感じさせます。

こたえ✿ **だらりの帯**

## 2. 舞妓がだらりの帯を締める時に着る着物を何と呼ぶ？

裾引き、引きずり、お引きずり、などと呼びます。名前の通り、裾を引きずるほど長く着る着物ですから、外を歩く時はからげ紐《ひも》で短くからげたり、左手で褄《つま》を取ったりします。褄とは着物の裾の両脇の部分です。戦前の頃までは、9～10歳で舞妓になりましたから、当時の幼い女の子らしい衣装の伝統が今も受け継がれており、舞妓の着物は子どもの着物の仕立て方になっていて、大人の女性の着物にはない肩上げや袖上げがあります。

こたえ✿ **裾引き、引きずり、お引きずり**

お座敷で舞う舞妓。だらりの帯がゆらゆら揺れる。髪型は「おふく」

## 3. 舞妓が裾を引いている時（黒紋付でない裾引きの場合）に、だらりの帯に付ける大きな帯どめを何と呼ぶ？

だらりの帯には普通の帯締めよりも幅が広い、一寸幅（約3㎝）の帯締めを締めて、それに付ける帯どめを「ぽっちり」と呼びます。ぽっちりは色々なデザインがありますが、幅は10㎝前後以上あり、大きくて可愛らしいものです。細かな細工が施され、縁起物の珊瑚《さんご》、真珠、翡翠《ひすい》、アメジスト、メノウなどで飾られており、大きなダイヤモンドがはめ込まれたぽっちりもあります。50万円程度から数百万円、または上を見ればきりがない価値あるものです。昔の職人が作った工芸品になると、今ではそれほどの優れた細工ができないため、値が付けられないものもあります。ぽっちりを付けた舞妓は、カウンターやテーブルなどにぽっちりがぶつかって傷ついたり、壊れたりしないように注意を払います。

**こたえ ✿ ぽっちり**

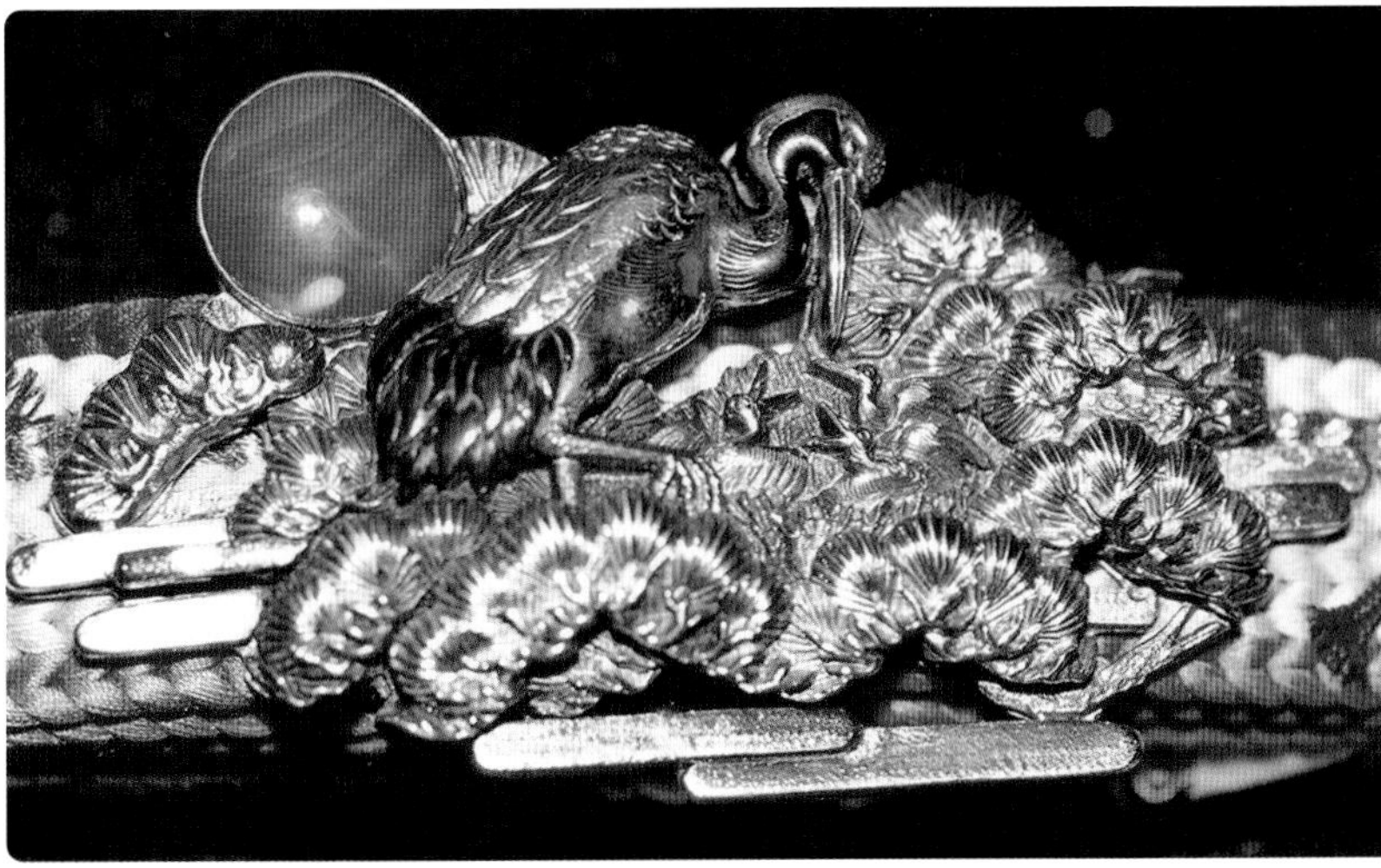

ぽっちり。これほどの細工はもうできる人がいないという価値あるもの

珊瑚を彫った菊の花に大きなダイヤをはめこんだぽっちり

## 4. 舞妓が裾引きに、だらりの帯を締めた時に履く履物を何と呼ぶ？

地域によっては、ぽっくり、ぽっくり、ぽっくり下駄、こっぽりなどとも呼ばれますが、京都では「おこぼ」と呼びます。高さ20cm近くもあり、歩くと確かにコボコボと音がします。これほど高くはないですが、幼い女の子が七五三で着物を着るときに履くこともあります。今も思い出しますが、私が3歳の時に七五三の衣装を買いにデパートへ行った時、「これが欲しい！」と思った履物でした。幼い女の子が憧れる可愛い履物です。舞妓は本来、子どもの姿ですから、子どもらしいおこぼを履くわけです。

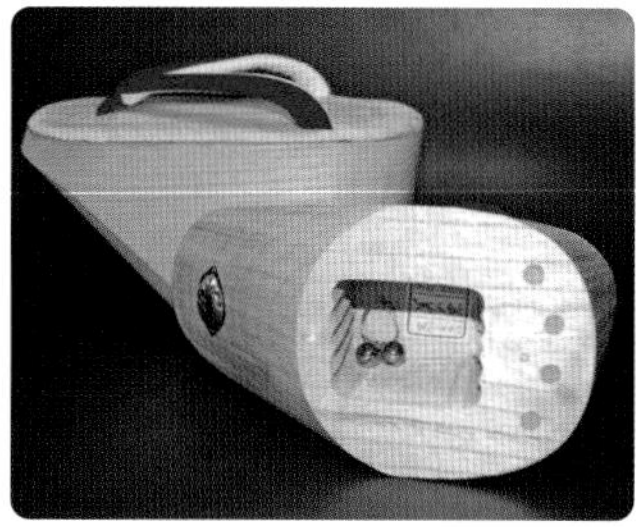

こたえ✿**おこぼ**

## 5. 舞妓が結っている髪型を総称して何と呼ぶ？

舞妓は自髪で「日本髪」を結い、だいたい1週間に一度のペースで髪を解いてシャンプーして、また専門の美容室で結います。昭和初期頃までは一般の女性も日本髪を結っていて、今のようにひんぱんにシャンプーする習慣はありませんでした。舞妓が結う日本髪には年齢やキャリアにより、様々な結い方があり、それぞれに名前があります。

こたえ✿**日本髪**

ずいき祭の時に上七軒にて。芸妓の後ろから出てくるのが舞妓だと履物でわかる

左が舞妓のおこぼ、右は芸妓のあと丸と呼ばれる下駄

## 6. 舞妓が挿している、大きくて絹などで作られた花などのカラフルな簪《かんざし》を何と呼ぶ？

花簪《はなかんざし》のモチーフは毎月変わり、季節の美しさを表しています。日本古来のおしゃれは、「花簪」ばかりでなく着物や帯、バッグなどの持ち物の素材や図柄にも季節感を出すことが重んじられます。たとえば2月の花簪は梅の花です。ですから、舞妓と写真を撮ると何月に撮影したかが一目でわかります。「京都へ12月に行きました」と言って、一緒に写真を撮った舞妓の簪が梅の花ですと、「あら、2月でしょう？」とすぐにばれてしまいます。

こたえ ✿ **花簪《はなかんざし》**

## 7. 花街内で置屋やお茶屋の女将《おかみ》さんを舞妓や芸妓たちは何と呼ぶ？

「おかあさん」と呼びます。おかあさんのおかあさんは、大きいおかあさんです。花街にはおばあさんやおばさんと呼ばれる人はいません。面白いのは、芸妓はたとえ90歳になってもおねえさんと呼ばれますが、女将はたとえ30歳だとしてもおかあさんと呼ばれます。年功序列が大切な世界ですから、おかあさんの言うことや指示に従い、口答えや反論は禁物ですが、最近は時代が変わり理解あるおかあさんが増えて、舞妓や芸妓と楽しく過ごしているとか。

こたえ ✿ **おかあさん**

## 8. 女性社会の花街内で、先輩のことを何と呼ぶ？

上の者を「ねえさん」と呼びます。下の者は妹になります。年齢とは関係なく、置屋に一日でも先に入った人がねえさんとなり、上下関係が厳しい世界です。特に戦前は「三歩下がって、ねえさんの影を踏まず」と言うほどねえさんを敬い、ねえさんは絶対的な存在でした。今でも置屋では、鏡台をきれいに整えたり、掃除したり、片づけるなどの雑用は下の者が率先して行います。決まりだからするのではなく、「うちにさせとくれやす！（私にさせて下さい）」という気持ちが大切で、そうした心がお客さんをきちんともてなす作法につながります。

こたえ ✿ **ねえさん**

## 9. 舞妓が暮らしている住まいを何と呼ぶ？

花街内での舞妓や芸妓たちの会話では「置屋《おきや》」のことを屋形《やかた》とか、花街によっては母屋《おもや》などと言います。たとえば会話の中で、「屋形のおかあさんが…」などと使います。置屋で舞妓は、おかあさん、自前になる前の芸妓さん、見習いさん、仕込みさんたちと家族のように寝食をともにして暮らしています。血縁はないものの、家族のようにおかあさん、ねえさん、妹の関係を作って互いに助け合って芸に励み、下の者は先輩から作法や礼儀などを教えてもらいながら生活します。

こたえ✿ **置屋《おきや》**

## 10. 舞妓や芸妓を呼んで宴会をするお座敷のある場所を何と呼ぶ？

「お茶屋」です。英語にすればバンケットハウスです。お茶屋は料理屋ではないので、お料理は仕出し屋からとります。一見さんお断りです。バーのあるお茶屋が多いので、友人知人の紹介があればお座敷でなくても、バーへ舞妓や芸妓を呼んで飲むこともできますし、芸舞妓を呼ばなくても、気楽にお茶屋バーのカウンターで飲むこともできます。チャンスがあればお座敷で、気軽にならばバーで、京都ならではの和の雰囲気を楽しむことができます。

こたえ✿ **お茶屋**

置屋やお茶屋が並ぶ花街の街並み（宮川町）

## 11. 舞妓になりたい女の子が置屋へ入れるのは何歳以上？

現在は義務教育終了後の「15歳以上」です。未成年ですから、置屋へ入るには保護者の同意が必要です。中学を卒業する年の春休みから入ったとすると、お誕生日前の人なら15歳になる直前ということもあるでしょう。公益財団法人京都伝統伎芸振興財団（おおきに財団）や各花街のWebサイトに舞妓募集要項や連絡先などが掲載されていますから、誰でも応募できます。おかあさんたちによれば、特別な別嬪《べっぴん》さんではなくても、芸に興味があって、着物が好きで、何事にも一生懸命に努力できる人であることが大切だとか。

こたえ ✿ **15歳以上**

## 12. おかあさんや舞妓、芸妓が話す言葉を何と呼ぶ？

現代の京都の言葉とは違います。「…どす」などと、情緒があります。置屋へ入ったら「花街言葉」を話せるようになることも舞妓になるための大切な修業です。花街言葉は関西出身者には比較的覚えやすいようですが、関東出身の人には難しいとか。おかあさんやねえさんたちとの日常生活の中で教わりながら覚えます。英語のように単語カードを作って勉強する人もいます。花街言葉のニュアンスを知ることは、花街の「心」を知る上でとても大切です。

こたえ ✿ **花街言葉**

## 13. 京都には花街が五つあります。それぞれの名前は？

祇園甲部《ぎおんこうぶ》・宮川町《みやがわちょう》・先斗町《ぽんとちょう》・上七軒《かみしちけん》・祇園東《ぎおんひがし》の五つで、五花街《ごかがい》と呼ばれます。上七軒は北野にあり、北野天満宮の氏子《うじこ》です。その他の四つの花街は四条大橋と八坂神社周辺にあり、八坂神社の氏子です。京都らしい街並みも楽しめますから、ぜひ散策してご自身で花街情緒を少しでも感じとってみてはいかがでしょう。

こたえ

**祇園甲部《ぎおんこうぶ》・宮川町《みやがわちょう》・先斗町《ぽんとちょう》・上七軒《かみしちけん》・祇園東《ぎおんひがし》**

## 14. 以下の紋章は、それぞれどこの花街のもの？

こたえ

①祇園甲部　嘉永4年（1851年）に最初の紋章が作られたとされますが、明治14年（1881年）に祇園町が二つに分かれた際に（現在の祇園甲部と祇園東）、紋章の中心の文字が甲となり現在に至ります。

②宮川町　三ツ輪が明治中期から使用されています。三ツ輪の意味は、女紅場が府立となった際に、社寺・町家・花街の三者が合流して学校となった記念とされています。また、宮川で神輿を洗ったという故事から三体の神輿を意味しているとか、宮川の「みや」をゴロの合う三輪として、三ツ輪が考えだされたという説もあります。

③先斗町　明治5年（1872年）の「鴨川をどり」初演の際に創案されました。鴨川には冬場に千鳥がたくさん集まるので、それを図案化したものとされています。

④上七軒　五つ団子が二本で輪を作る形です。その謂れは、今もお茶屋協同組合に残っている大正8年（1919年）の上七軒貸座敷組合事務所（現在のお茶屋協同組合の前身）の文書に、「…大茶ノ湯ノ際七軒茶屋ヨリ美妓ヲ「茶汲女」ト名付ケみたらし團子ヲ献上ス、而シテ其後年々京都御所司代ヲ経テ献上シ尚東西町奉行ヘ贈呈ス。是レヲ以ツテ今ニ至ルモみたらし團子ノ形ヲ上七軒廓ノ記章トナス…」とあります。

⑤祇園東　祇園町が二つに分かれた後、紋章の変遷がありましたが、つなぎ団子だけの紋章となり現在に至ります。

紋章についての参考文献…
「祇園〜今に生きる伝統美〜」（日本交通公社）、「祇園〜粋な遊びの世界〜」（淡交社）、「上七軒ノ沿革」、「先斗町お茶屋営業組合資料」、「宮川町沿革史」

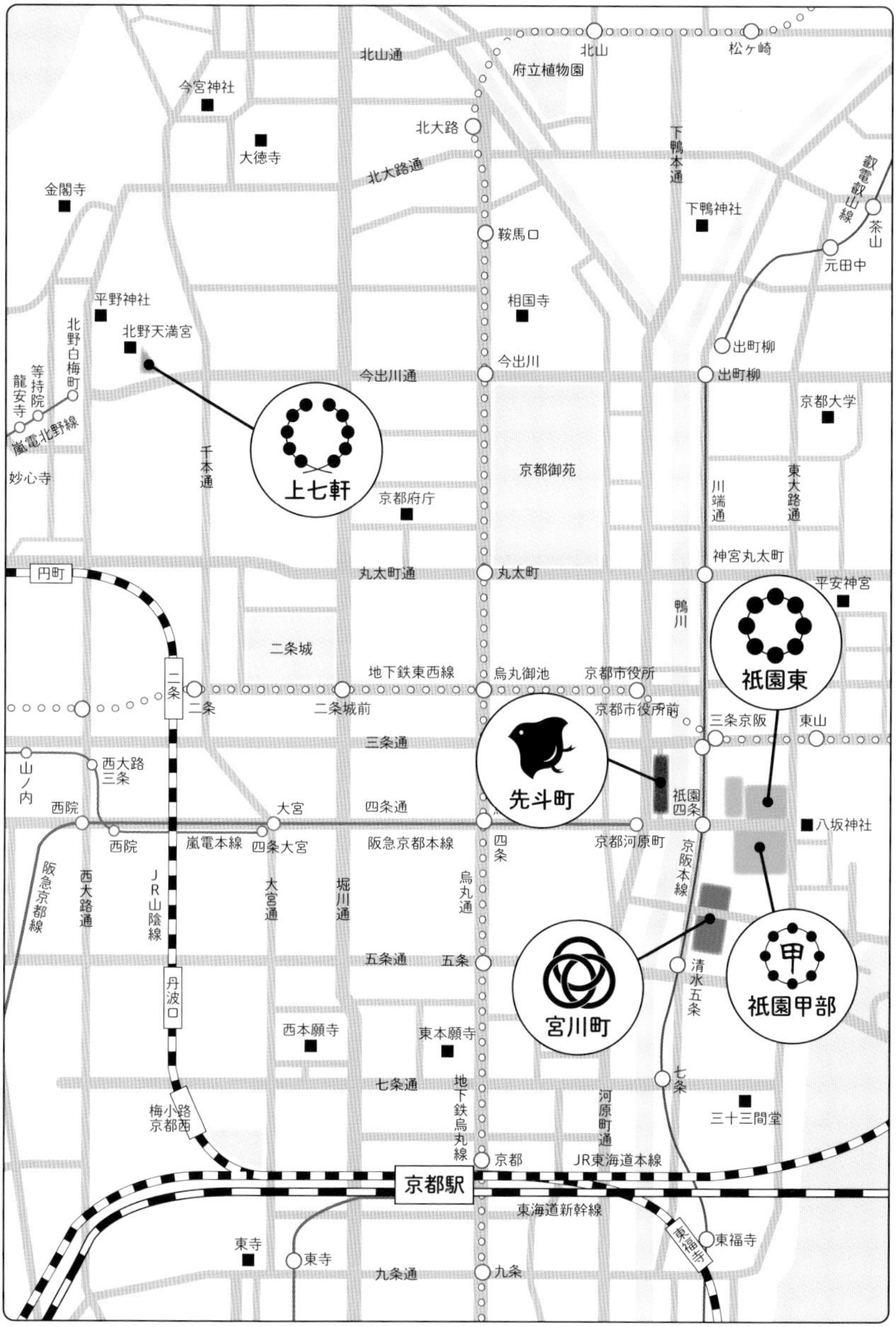
北山通
北山
松ヶ崎
府立植物園
今宮神社
北大路
大徳寺
北大路通
下鴨本通
叡電叡山線
金閣寺
下鴨神社
茶山
鞍馬口
元田中
平野神社
相国寺
北野白梅町
北野天満宮
出町柳
等持院
龍安寺
今出川
今出川通
嵐電北野線
京都大学
千本通
上七軒
京都御苑
妙心寺
京都府庁
川端通
東大路通
神宮丸太町
円町
丸太町通
丸太町
平安神宮
鴨川
二条城
祇園東
地下鉄東西線
烏丸御池
京都市役所
二条
二条
二条城前
京都市役所前
三条京阪
東山
三条通
先斗町
山ノ内
西大路三条
祇園四条
西院
大宮
四条通
八坂神社
西院
嵐電本線
四条大宮
阪急京都本線
京都河原町
四条
京阪本線
阪急京都線
西大路通
JR山陰線
大宮通
堀川通
烏丸通
五条通
五条
清水五条
宮川町
祇園甲部
甲
丹波口
西本願寺
東本願寺
七条通
七条
地下鉄烏丸線
河原町通
三十三間堂
梅小路京都西
京都
JR東海道本線
京都駅
東海道新幹線
東福寺
東寺
東寺
九条通
九条
京阪本線

## 15. 舞妓になろうと置屋（屋形）へ入ったばかりの女の子は、何と呼ばれる？

置屋へ入ると、花街の学校やお稽古場へ通って芸の稽古を始めます。花街言葉や礼儀作法なども日常生活の中で学び、毎日が着物の生活になりますから、着物のたたみ方はもちろん、自分で着物がすぐに着られるように練習します。年齢に関係なく一日でも早く置屋へ入った人が先輩になりますから、そうした上下関係のけじめのある生活に慣れることも大切です。生活面では芸のお稽古代、衣食住、生活費などすべて置屋で用意してくれるので安心です。

こたえ ✿ 仕込みさん

## 16. 仕込みを終えると、何になる？

置屋（屋形）がお茶屋を兼ねていない場合は、「見習い」をするお茶屋、見習い茶屋で実地にお座敷へ出ます。近年は花街によっては見習い茶屋を決めずに、ねえさんたちが呼ばれたお座敷へ連れて行ってもらって見習いをすることもあります。ねえさんたちがお手本ですから、芸の披露や、お客さんのもてなし方などをお座敷で見て学びます。ぼんやりしてはいられませんが、やりがいがあるようです。

こたえ ✿ 見習いさん

見習いさん（左）と先笄に髪を結った衿かえ前の舞妓

## 17. 舞妓や芸妓の名前が書いてある小さな名刺を何と呼ぶ？

ステッカーのように貼れるものは「千社札《せんじゃふだ》」、ステッカーになっていなくて少し厚めの紙に刷られたものは「花名刺《はなめいし》」と呼ばれます。舞妓のものは愛らしい図柄で、芸妓のものは大人っぽく粋な図柄になり、花街ならではの雅な名刺です。名刺には通常は、住所や電話番号、またはメールアドレスなどが書いてあるものですが、花名刺や千社札には花街の名前と本人の名前しか書いてありません。芸舞妓を呼ぶ時には直接本人に連絡せずに、必ずお茶屋を通すことになっているからです。

**こたえ ✿ 千社札《せんじゃふだ》、花名刺《はなめいし》**

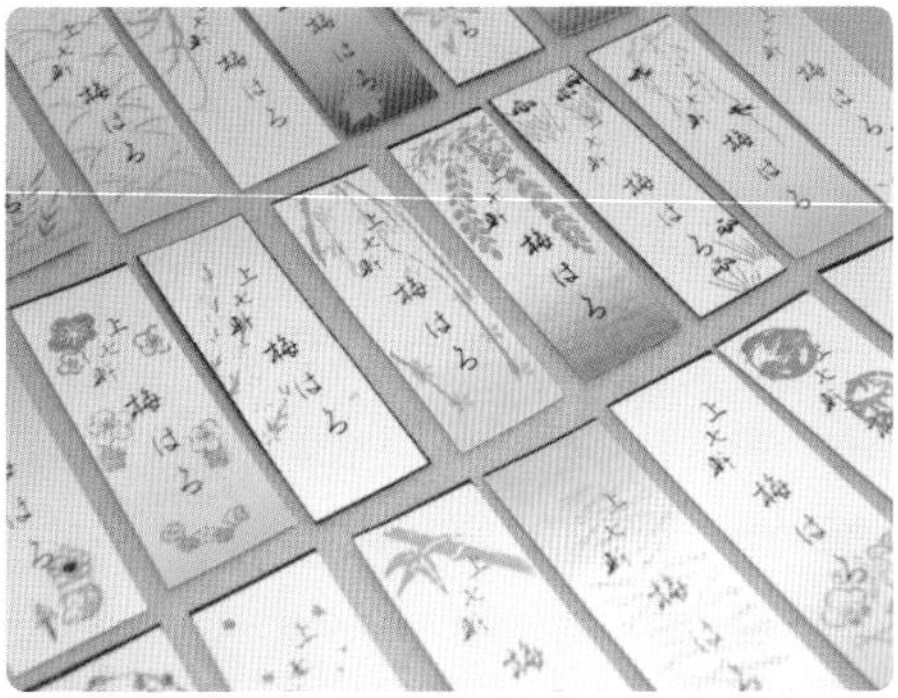

花名刺。同じ人でも季節やキャリアにより図柄を変えて楽しみます

## 18. 舞妓や芸妓は「はい」の代わりに、何と言う？

花街言葉で「へえ」と言います。おっとりと、柔らかな響きがあります。戦前戦後の頃は舞妓は年齢的にも幼いですし、ねえさんたちを差し置いてあれこれ話すことは許されませんでした。当時は、舞妓は「へえ」と言っていれば良いと教育されたとか。近年は舞妓の年齢もハイティーンですし、お客さんも舞妓と話したいですから、ねえさんたちを立てて一歩引きながらも、聞き上手、お話上手でお客さんと楽しく過ごせるようになることは大切です。

こたえ ✿「へえ」

## 19. 何のコネクションもなく、誰からの紹介もなく、いきなりお茶屋を訪ねるお客さんを何と呼ぶ？

「一見《いちげん》さん」と呼びます。京都花街といえば「一見さんお断り」という言葉を思い浮かべる人が少なくないようです。なぜお断りなのかというと、

一、お茶屋はおかあさん（女将）の私邸。女所帯なので見ず知らずの人が入って来るのは物騒なため。

二、お茶屋遊びの支払いはツケが原則であるので、身元がわかっている人であることが大切。京都の商習慣には年2回の節季払いがあることもツケの背後にあり、昔は掛け取りさん（掛け売りの代金を集金する人）が来て、雑談をしながらまた次のお商売の話がまとまったそうです。

三、それぞれの馴染《なじ》み客に合わせたマンツーマンのサービスをするため。画一的に誰にでも同じサービスをするのではなく、それぞれの馴染み客の好みに合わせ、たとえば馴染み客が接待のために来たのであれば、どのような雰囲気

で接待したいのかなどを身内のように理解して、商談や仕事ならうまく運ぶように配慮して、友人たちの集まりならば楽しい雰囲気を盛り上げるなど痒《かゆ》い所に手が届くもてなしをするためです。

四、馴染み客のプライバシーを守るため。お茶屋にはそれぞれ雰囲気があり、その雰囲気に合う人がお客さんになっています。また、たとえばAさんがお茶屋Bで誰それと会っていたとか、Cさんの会社がDさんを接待しているようだ、などと言いふらすような人に入ってこられたら困るということもあります。今やお手軽な世の中ですが、スローでディープ、丁寧なもてなしを守り続けているのが京都のお茶屋といえるでしょう。

こたえ ✿ 一見《いちげん》さん

## 20. 舞妓や芸妓に裾引き（お引きずり）の着物を着付ける男性を何と呼ぶ？

「男衆《おとこし》」と呼びます。夕方、芸舞妓がお座敷へ出る前に、置屋（屋形）などを訪ねて裾引きの着物を着付けます。きびきびと手際よく着付けます。お店出しや衿かえの時は、芸舞妓のあいさつ回りにも付き添います。女性社会の花街で唯一の男性たちですから、戦前戦後の頃までは旦那さんと芸妓の仲を取り持ったり、大人の男性として芸舞妓の相談にのったりしたそうです。花街によっては男衆はおらず、屋形のおかあさんなどが着付けています。

こたえ ✿ 男衆《おとこし》

初級
中級
上級

## 21. 舞妓が舞うことが多く、お座敷でも人気の舞のタイトルは?

［ヒント］昭和5年に公開された映画の主題歌でした。

長田幹彦作詞、佐々紅華作曲で、昭和5年（1930年）公開の映画「祇園小唄絵日傘」の主題歌「祇園小唄」です。公開当時から好まれ、90年以上も過ぎた今も祇園だけでなく五花街で舞われており、人気があります。春の歌詞〝月はおぼろに東山　かすむ夜ごとのかがり火に　夢もいざよう紅桜　しのぶ思いを振袖に　祇園恋しやだらりの帯よ〞は知られていますが、夏、秋、冬の歌詞もそれぞれに京都の雅な季節感を歌っています。秋には「円山公園 祇園小唄祭」が行われます。

こたえ✿祇園小唄《こうた》

## 22. 「よーいやさぁ」の掛け声で知られる祇園甲部の春の舞台の名前は?

「都をどりは〜」「よーいやさぁ」という掛け声で、舞台に向かって左側の花道が西、右側が東で、双方の花道から桜と柳をモチーフにした団扇《うちわ》を持った芸舞妓があでやかに登場します。舞の流派は京舞井上流で、井上八千代師が振付・指導します。

明治4年（1871年）10月、日本初の博覧会「京都博覧会」が西本願寺で開催されました。それをきっかけに翌年明治5年には京都府と民間で「京都博覧会社」が創設され、「第一回京都博覧会」を開催。この時に、附博覧《つけはくらん》（余興）として芸舞妓の芸を披露したことが、「都をどり」の始まりです。千年の都であった京都が、東京遷都で首都としての活気が失われ、衰退した危機をどう救うかが議論され、京都府知事長谷信篤と大参事槇村正直（後の京都府知事）が「博覧会」を企画しました。京都を内外にアピールすることに一役買ったのが芸舞妓の舞台であったことは注目に値します。

**こたえ✿都をどり**

## 23．上七軒の芸舞妓の春の舞台の名前は？

毎年3月20日から4月2日、上七軒歌舞練場で開催されます。第一部・舞踊劇、第二部・純舞踊、フィナーレ・上七軒夜曲という構成です。昭和27年（1952年）に北野天満宮千五十年大萬燈会に氏子として一燈を捧げた舞台が初演です。

ちなみに、北野天満宮では菅原道真の没後50年ごとに大萬燈会、20年ごとに半萬燈会が行われ、上七軒の芸舞妓は明治36年の千年萬燈会にすでに奉納舞をしています。「北野をどり」の初演は舞踊劇「北野天神記」五幕七場で、第一幕「紅葉の幣」、第二幕「ぬれぎぬ」、第三幕「わかれ雲」、第四幕「飛梅」、第五幕「いかづち」、大喜利は北野萬燈祭の場でした。演出は映画監督の石田民三、作・林悌三、作舞・花柳輔四郎、作曲・常磐津文字八、稀音家三之助で、稽古は初天神の日から始まりました。芸妓40名足らずと当時としては少ない人数で15日間興業して、舞台を45回こなすことになりました。地方《じかた》の人が交替で立方《たちかた》としても出演し、当時の芸妓は鳴物、三味線、踊りなど何でもこなす実力派だったことがわかります。少人数で頑張っていると聞いた先斗町では、常磐津《ときわづ》の人たちを中心に師匠の紹介で応援を申し出てくれたと、初回の番付（プログラム）に載っています。五花街はそれぞれ独立した花街ですが、交流があります。

こたえ✿**北野をどり**

## 24. 先斗町の芸舞妓の5月の舞台は何？

先斗町歌舞練場で5月1日から24日に開催されます。都をどりと同年の明治5年（1872年）に始まりました。戦時中などに中断されたことがありましたが、昭和26年（1951年）から平成10年（1998年）の間は、年2回、春と秋に行われましたから、総公演回数は182回（2019年現在）を数え、五花街の舞台の中で最多です。第一部・舞踊劇、第二部・純舞踊の二部構成です。

祇園甲部、上七軒、宮川町の春の舞台は、桜の季節の3月から4月に開催されますが、「鴨川をどり」は新緑の5月。鴨川の床がにぎわい、京都ならではの初夏の美しさも味わえる時期です。

こたえ✿**鴨川をどり**

## 25. 宮川町の芸舞妓の春の舞台の名前は？

他の花街の舞台は「をどり」と書きますが、宮川町は「おどり」という表記です。初演は昭和25年（1950年）「寿式三番叟」でした。現在では前半には現代的な内容を加味し、後半は古典的な内容を主題に新たな切り口で舞を披露します。フィナーレは「宮川音頭」。華やかな総踊りで、舞台全体が春爛漫《らんまん》の明るさに包まれます。毎年4月に16日間、宮川町歌舞練場で開催されます。近年、舞妓だけで踊り、三味線、鳴物を受け持つ舞台があり、見どころです。楽しく観てもらうことがモットーの「京おどり」は、地元の根強いファンも多いです。

こたえ ✿ **京おどり**

## 26. 祇園東の秋の舞台の名前は？　ちなみに、他の4つの花街はメインとなる舞台を3～5月に開催していますが、祇園東は秋です。

祇園会館で、11月1日から10日に開催されます。第一景から第七景の構成で、変化に富んだ花街らしい舞台を楽しめます。フィナーレは祇園東小唄で盛り上がります。「祇園会館」では「よしもと祇園花月」の興行がありますが、その前身は祇園東の芸舞妓の歌舞練場でした。東大路にあり、八坂神社、知恩院など観光客が集まる地域にあり、アクセスが良いです。

こたえ 祇園をどり

## 27. 6月に開催され、五花街の芸舞妓が京都で一堂に会して芸を披露する舞台を何と呼ぶ？

「都の賑《にぎわ》い」です。毎年6月に公益財団法人 京都伝統伎芸振興財団（おおきに財団）と京都花街組合連合会の主催で開催されます。五花街はそれぞれ舞の流派が異なりますから、各流派が趣向を凝らした演目は見ごたえがあります。また、五花街の舞妓がそれぞれの流派の振付で、「祇園小唄」など年によって演目は変わりますが、同時に舞うシーンはこの時にしか見られない楽しみです。

こたえ 都の賑《にぎわ》い



初級 中級 上級

合同公演「第26回都の賑《にぎわ》い」で舞踊を披露する舞妓たち（2019年６月、京都市東山区・南座）＝撮影・京都新聞

# 中級

## 1. 舞妓としてデビューすることを何と言う?

置屋へ入り、仕込みから見習い期間がすみ、いよいよ舞妓としてデビューする晴れの日です。おかあさんが暦や八卦見《はっけみ》などでお日柄の良い日を選んで日取りを決めます。黒紋付《もんつき》に鼈甲《べっこう》の簪を挿して改まった衣装で舞妓は男衆さん(花街によりねえさんなどの場合もあります)に連れられて花街内のお茶屋や置屋、馴染みの店、日ごろ出向くことが多い料理屋などへあいさつ回りします。

こたえ✿ **お店出し(お見世出し)**

## 2. お店出しの時に、歌舞伎役者や贔屓筋《ひいき》などから贈られる縁起の良い言葉や、絵が描かれたポスターのようなものを何と呼ぶ? 置屋の玄関や外壁に貼られます。

歌舞伎役者や贔屓筋、お付き合いのある商店などからお店出しや衿かえの時に贈られます。お日柄よろしく大人気、などと縁起の良い言葉が書かれ、恵比寿、鶴、亀、盃、大判小判など縁起物が華やかに描かれています。ねえさんが売れっ妓《こ》で顔が広いと、たくさんの「目録」が届くとか。目録がたくさん貼られた置屋の玄関や外壁は華やかで、花街らしいおめでたさが伝わってきます。

こたえ✿ **目録《もくろく》**

縁起物が描かれ、華やかな目録

## 3. 舞妓が最初に結う髪型を何と呼ぶ？

舞妓は専門の美容室で、自髪で日本髪を結ってもらいます。髪のクセをコテで直して鬢《びん》付け油を塗り、毛たぼ（人工の髪の毛のかたまりで、スポンジのように柔らかく弾力がある）を使って結い上げますから、40分はかかります。割れしのぶは、丸い髷《まげ》の前後に赤い鹿の子（鹿の子絞りの布）を出して全体に丸く、幼い女の子らしく愛らしい雰囲気の髪型です。

**こたえ✿割れしのぶ**

## 4. 舞妓が日本髪を結ってもらう美容師を昔の呼び方で何と呼ぶ？

昔は美容院のことも、一般社会でも「髪結いさん」と呼んでいました。地方により、人により違いはありますが、昭和初期頃までは一般社会でも日本髪に髪を結いあげて、着物を着ている女性は珍しくありませんでした。美容院は髪を結う場所。つまり髪結いさんだったわけです。

**こたえ✿髪結いさん**

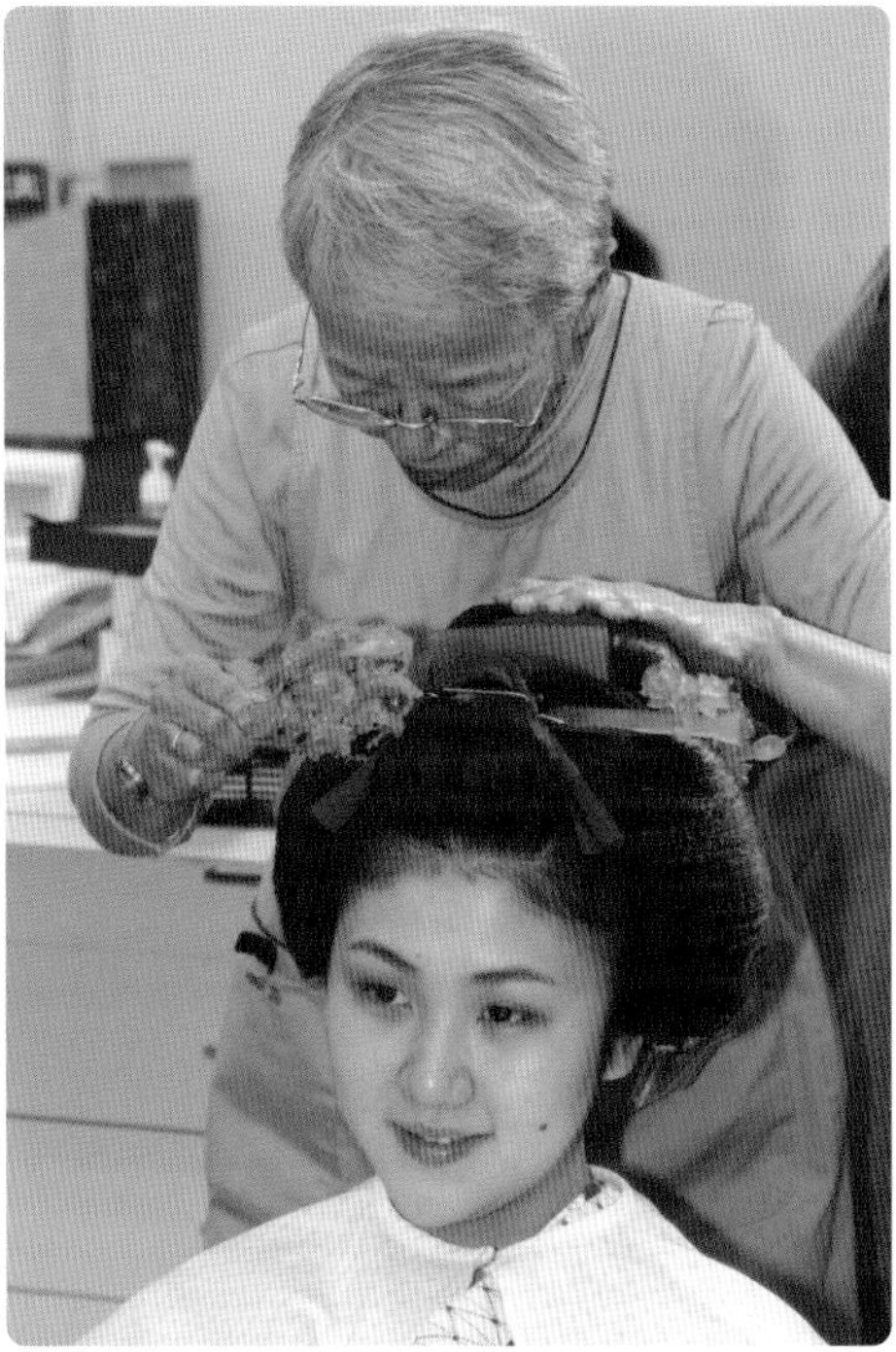

髪結いさん。お店出しの朝、割れしのぶに結う舞妓

割れしのぶ

## 5. 割れしのぶの丸い髷の真ん中についている髪飾りを何と呼ぶ？

丸い髷の上に大きい飾りで、幼さを表現しています。こうしたところにも、舞妓が昔は幼い子どもであったことが伝わってきます。珊瑚や翡翠、アメジストなど縁起の良い石で飾られています。

こたえ ✿ **鹿の子留《どめ》**

## 6. 舞妓が割れしのぶの次に結う髪型は何？

「おふく」または「ふく髷」とも言います。赤い鹿の子（年長になるとピンクなど）が髷の後ろにだけ付いており、少しねえさんらしく落ち付いた雰囲気になります。花街によっては、割れしのぶからおふくに変わるのを髷替えと呼ぶこともあります。おふくに結うようになると、後輩も増えて「うちも、ねえさんになった」という自覚が出るといいます。

こたえ ✿ **おふく、またはふく髷**

初級
中級
上級

割れしのぶの舞妓（右）とおふくの舞妓（左）

## 7．舞妓の花簪は毎月変わります。1月の花簪のモチーフは何？

日本人の伝統的な美意識は、情緒的とも言えるほどに季節感を重んじます。花簪にはそれぞれの季節を感じさせる花や草木のモチーフが使われます。

1月は、松、竹、梅、寒菊、鶴、独楽、羽子板など、お正月らしく縁起物が使われます。毎年モチーフは工夫が凝らされ、多少変わります。土台（基本となる丸く組まれた簪の部分）には、たとえば近年は寒菊が好まれ、上《うわ》飛《と》び（土台から少し浮きあがって立体的に付けられた飾り）は、鶴や松などおめでたいモチーフになります。

この花簪のほかに、乾燥させた稲穂に小さい白い鳩が付いた簪を挿します。この簪は、若い芸妓も裾を引くときには挿します。鳩には目が描かれておらず、好きな人に描いてもらうのが習わしになっています。描きたがるお客さんが多すぎて、自分で描いてしまう芸舞妓もいるとか。

**こたえ✿ 松、竹、梅、寒菊、独楽《こま》、羽子板などおめでたい縁起物**

初級
中級
上級

## 8．2月の花簪は何？

紅白やピンクの愛らしい梅がモチーフです。京都各地の梅の名所がにぎわう時期です。はんなりとした梅の簪が、春に一歩ずつ近づいていく心温まる季節感を表現しています。

こたえ ✿ **梅**

## 9．3月の花簪は何？

鮮やかな黄色い菜の花とチョウチョの組み合わせ。菜の花畑にチョウチョが飛び交う「情景」を感じさせます。菜の花は4月頃まで見ごろが続きますが、季節の先取りが着物のおしゃれですから3月の簪になります。

3月は、黄色いラッパスイセンの花簪もあります。

こたえ ✿ **菜の花とチョウチョの組み合わせ**

## 10. 4月の花簪は？

桜とチョウチョの組み合わせ。銀色のチョウチョがキラリと光り、華やかな桜の季節を感じさせます。銀色の大きいチョウチョだけの簪もあります。

こたえ ✿ **桜とチョウチョの組み合わせ**

## 11. 5月の花簪は？

藤の花、またはアヤメの花です。紫色の鮮やかな藤の花や、色とりどりのアヤメが美しく咲く5月の季節感がそのまま簪になっています。

こたえ ✿ **藤の花、またはアヤメ**

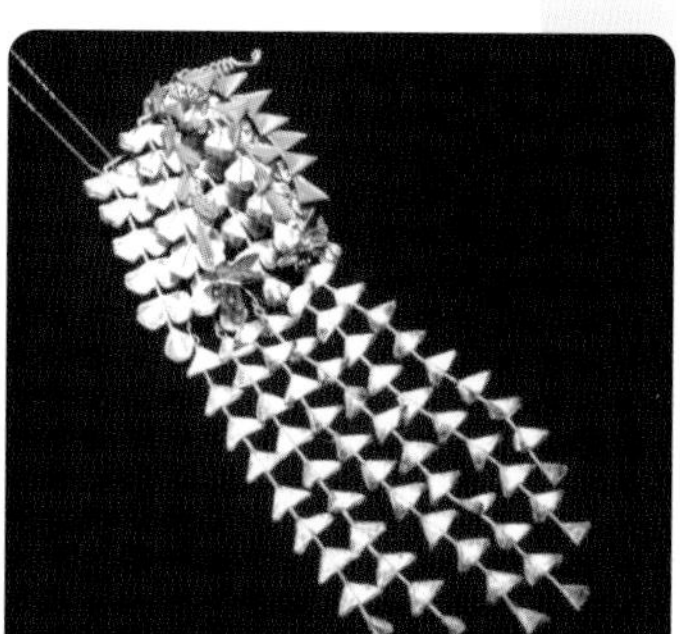

## 12. 6月の花簪は？

柳と撫子《なでしこ》の花の組み合わせ、または紫陽花《あじさい》です。新緑の美しい季節に目が覚めるような緑の柳の葉や、紫陽花が咲き誇る梅雨の情緒が感じられます。

こたえ ✿ **柳と撫子《なでしこ》の組み合わせ、または、紫陽花《あじさい》**

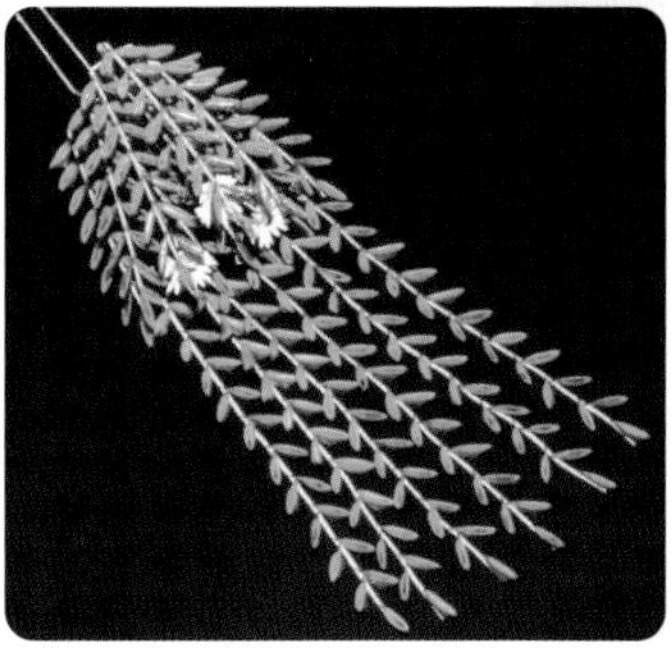

## 13. 7月の花簪は？

団扇《うちわ》または扇。透明感のある団扇や扇が涼やかです。７月10日から28日の間は祇園祭用の簪になります。祇園祭用の簪の土台は涼しげな花で、上飛びは毎年変わりトンボ、撫子、観世水などになります。おふくに結っている舞妓は祇園祭の期間は勝山《かつやま》に結い、簪の両脇には梵天《ぼんてん》と呼ばれる銀色で中央に撫子の花が付いた簪を付けます。

こたえ ✿ **団扇、または、扇。祇園祭の期間は祇園祭用の簪**

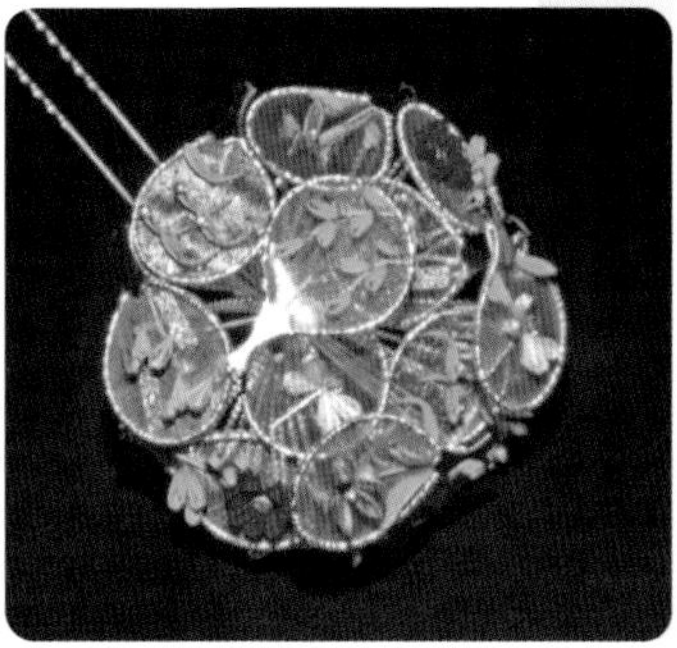

## 14. 8月の花簪は？

すすき、または、朝顔です。すすきは涼しげに銀色に輝く素材が使われます。銀色一色の物は少し年長の舞妓用、若い舞妓はピンク色がかった銀色で少し派手になっています。朝顔の簪にはピンク色や水色、紫色があります。

こたえ **すすき、または朝顔**

## 15. 9月の花簪は？

キキョウ。すっきりと美しい、初秋を感じさせる花です。小さいキキョウをたくさん使った簪や、大輪のキキョウが一輪、または三輪のデザインもあります。

こたえ **キキョウ**

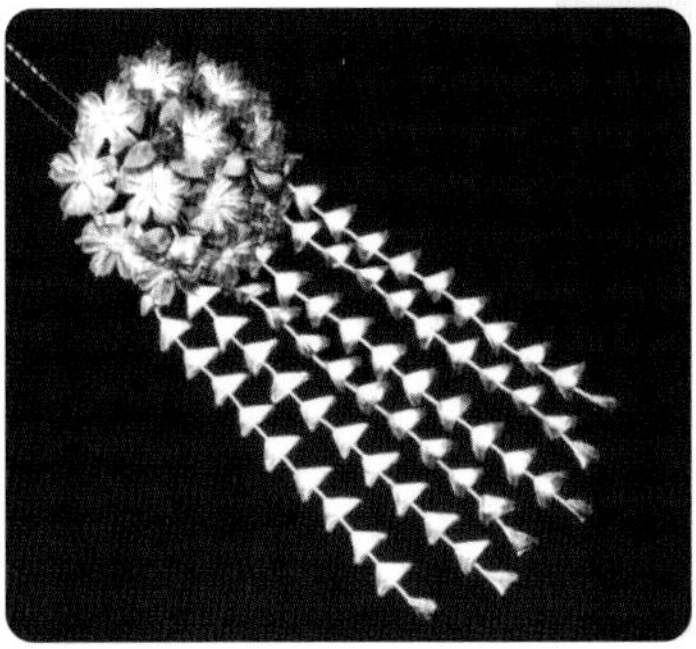

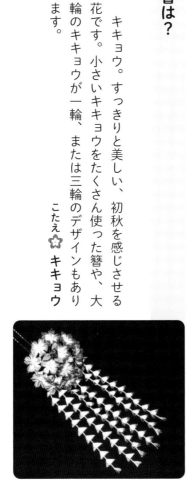

## 16. 10月の花簪は？

菊。ピンクや赤が入った小さな菊を使った簪や、大輪の黄色い菊が一輪の簪もあります。菊は華やかさの中に、格調を感じさせる日本の美があります。

こたえ ✿ 菊

## 17. 11月の花簪は？

モミジ。古都の燃えるような紅葉《こうよう》が簪になってお座敷に現れると、周囲が華やぎます。

こたえ ✿ モミジ

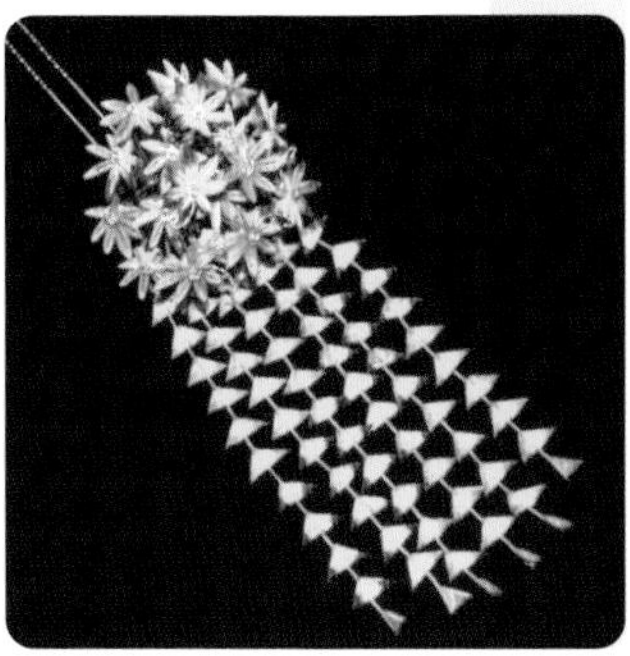

## 18. 12月の花簪は？

餅花《もちばな》、または、松と餅花。まねきが二枚付きます。この時期「顔見世興行」が南座で開催されており、出演する歌舞伎役者の名前を書いた、いわば看板をまねきと呼びます。まねきのミニチュアが舞妓の簪に付いており、まねきには名前が書かれていません。贔屓の歌舞伎役者の楽屋を訪ねて、書いてもらうのが習わしになっています。

**こたえ ✿ 餅花《もちばな》、または、松と餅花にまねきが二枚**

注）基本は以上ですが、特注品の場合は趣が異なる花簪もあります。

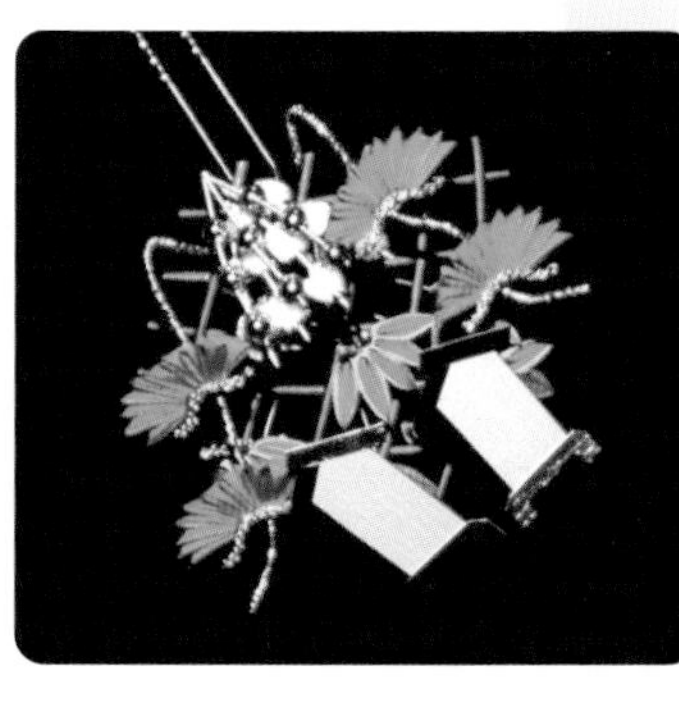

## 19. 芸舞妓が挿している、冬は珊瑚の玉、夏は翡翠の玉の簪をそれぞれ何と呼ぶ？

冬の珊瑚の簪は色が赤いので、赤玉。夏の翡翠の簪は色が緑色なので青玉と呼ばれます。夏は寒色で涼しげに、冬は暖色で暖かそうに見えるように、寒色と暖色を使い分けるのも、和装のおしゃれです。

こたえ✿ **赤玉、青玉**

## 20. 舞妓が自分の右側に挿している、銀色で、端から棒状やごく細い板状のものが下がっている簪を何と呼ぶ？

ビラビラ簪とか、ビラ簪と呼びます。花簪を自分の左側に挿して、ビラビラ簪を右側に挿します。動くと揺れて、銀色に光り、華やかで愛らしい舞妓に似合います。

こたえ✿ **ビラビラ簪（ビラ簪）**

## 21. 舞妓から芸妓になるときの儀式を何と呼ぶ？

お店出しして、髪型も割れしのぶからおふくに変わり、20歳前後になると衿かえして芸妓になります。15歳頃から20歳頃というのは少女から女性へと成長する

衿かえの芸妓（左）とお店出しの舞妓

時期。少し大人びて、愛らしい舞妓姿がもう似合わなくなった様子を「舞妓姿もえずくろしゅうなって、衿かえどすな」などと言いました。衿かえして髪型や着物、履物などが変わり、芸妓になると、急に大人っぽくなり成長した美しさに周囲が驚くことが多々あります。花街内や日ごろ寄せてもらう店などへ、衿かえのあいさつ回りをします。

**こたえ ✿ 衿かえ**

## 22. 衿かえする直前、舞妓の最後の髪型を何と呼ぶ？

衿かえ直前に結う髪型です。花街により置屋により「先笄《さっこう》」に結う期間は多少異なります。衿かえの前夜、結い上げた髪を解いて、ハサミを入れます。昔は旦那さんがしましたが、今はおかあさんやねえさんたちがハサミを入れます。これにより、もう舞妓には戻りません、芸妓になりますという決意を表現したとも言われます。大正生まれの芸妓によれば、先笄は戦前には町家の新妻も結っていた髪型だったといいます。昔は髪型や衣装で立場を表したことがわかります。芸妓になると、自髪で結わず、かつらをかぶるようになります。

**こたえ ✿ 先笄《さっこう》**



初級
中級
上級

先笄に結った舞妓

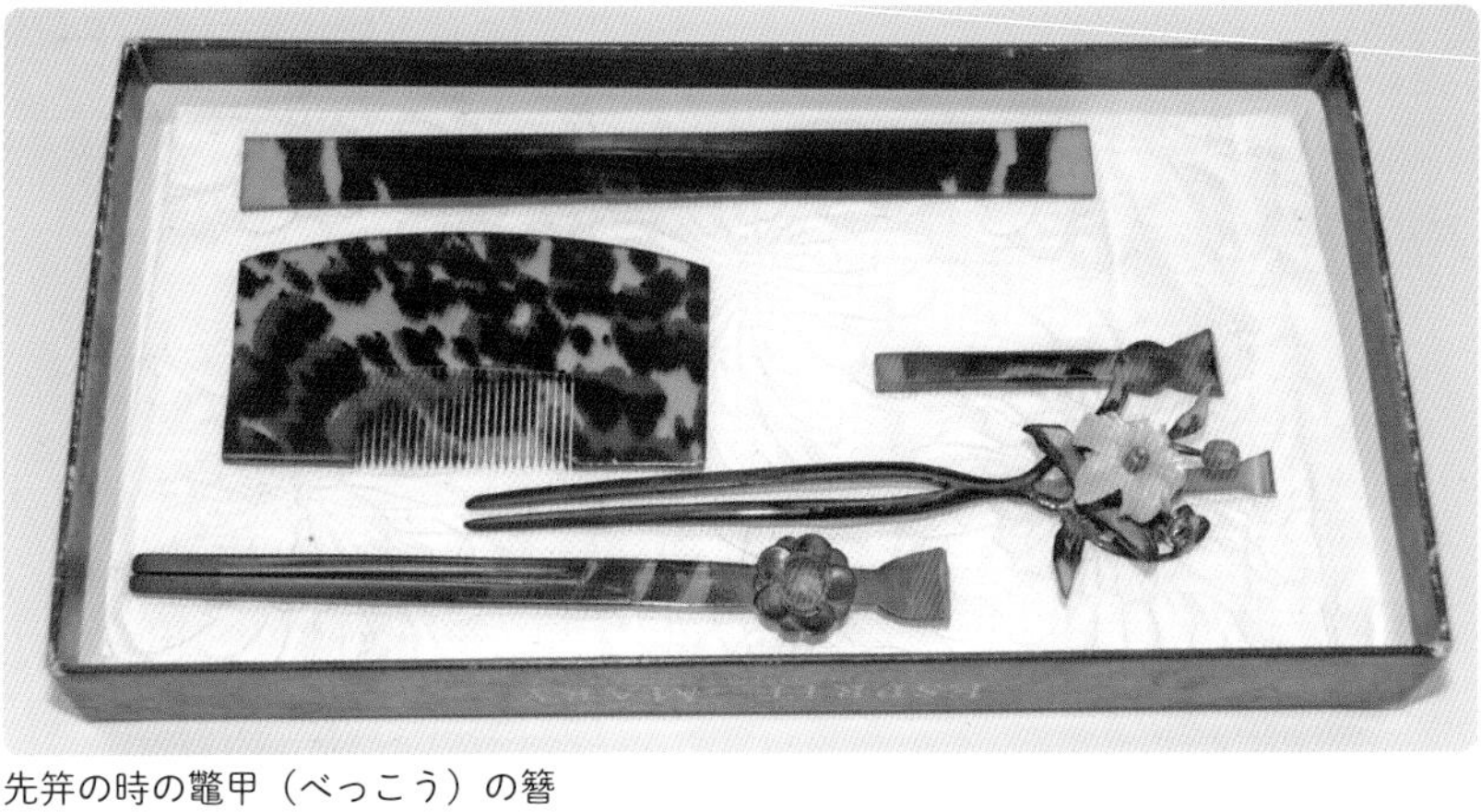
先笄の時の鼈甲（べっこう）の簪

## 23. 先笄を結っている期間、歯にも特別なことをする舞妓がいます。何をする？

「お歯黒《はぐろ》」を塗ります。鉄漿《おはぐろ》とも書きます。歯を黒く塗るお歯黒は平安時代頃から存在したといわれ、成熟した女性の印とされました。明治初期にお歯黒禁止令が出るなど、しだいに廃れましたが、花街では伝統の一つ、ファッションとして残されています。本来は鉄、お茶、酒、飴、粥などから作るものでしたが、花街の化粧品店で買うことができます。これを塗っている間は、熱い物や油っぽい物を食べると剥げてしまうので、気を付けるそうです。

こたえ✿ お歯黒《はぐろ》

## 24. 芸妓の髪型（日本髪）を何と呼ぶ？

若い芸妓が裾引き（お引きずり）を着た時の髪型を「島田」と呼びます。舞妓の愛らしい髪型から脱皮するかのように、すっきりと粋で、いわば大人の女性の髪型です（舞台用の髪型には、「つぶし島田」や「はわせ」もあります）。１９５０年代頃までは芸妓も自髪で結っていましたが、１９６０年代中頃になると自髪で結う芸妓と島田のかつらをかぶる芸妓の両方が混在しました。その後、かつらを作る技術が向上して軽くなったこともあり、芸妓はかつらをかぶるようになりました。

こたえ✿ 島田

## 25．舞妓も芸妓も日本髪を結って裾を引く時は、顔や首などを白くぬります。これを何と呼ぶ？

「白塗り」。その方法は、まずお化粧下地として柔らかい蝋《ろう》のような固形の鬢《びん》付け油（髪結いさんが使うものとは異なる）を手のひらに取り、手の温かさで溶かして顔、首、襟足、デコルテなどにのばしてから、真っ白いペースト状のおしろい（白粉）を、水に溶かして刷毛《はけ》で塗ります。襟足も合わせ鏡で映しながら、自分で仕上げます。眉や頬や目に、黒や赤を使います。白、赤、黒の三色の濃淡でこれだけ表情のあるお化粧ができます。

こたえ✿白塗り

## 26．舞妓と芸妓が、紋付でない裾引き（お引きずり）を着ている時の襟足の塗り方を何と呼ぶ？

襟足を二本残す塗り方で、二本足と呼びます。型があり、それを首筋に当てて合わせ鏡で自分で器用に塗ります。日常的に塗るので、慣れてきてきれいに塗れるそうです。

こたえ✿二本足

## 27. 舞妓と芸妓が黒紋付を着る時の襟足の塗り方を何と呼ぶ？

襟足を三本残す塗り方で、三本足と呼びます。二本足と同様に型があります。但し、先斗町の芸妓に限り、黒紋付の時も二本足です。白塗りの時に「二本足」や「三本足」に襟足を塗り残すと、首や襟足がすっきりと細く長く見えて、衿を抜いて着る着物には美しく映えます。また、昔はお座敷でボンボリやローソクなどで灯りをとりましたから、薄明りの中で襟足が浮き立つように見えたといわれます。日本人ならではの伝統的な美意識が、今も花街のファッションには生きています。(次頁の表参照)

**こたえ✿三本足**

## 28. 舞妓と芸妓が白塗りをした時の真紅の口紅を何と呼ぶ？

赤い固形の紅で、水で溶いて筆で塗ります。氷砂糖を入れるとツヤがよくなるそうです。

**こたえ✿お紅《べに》**

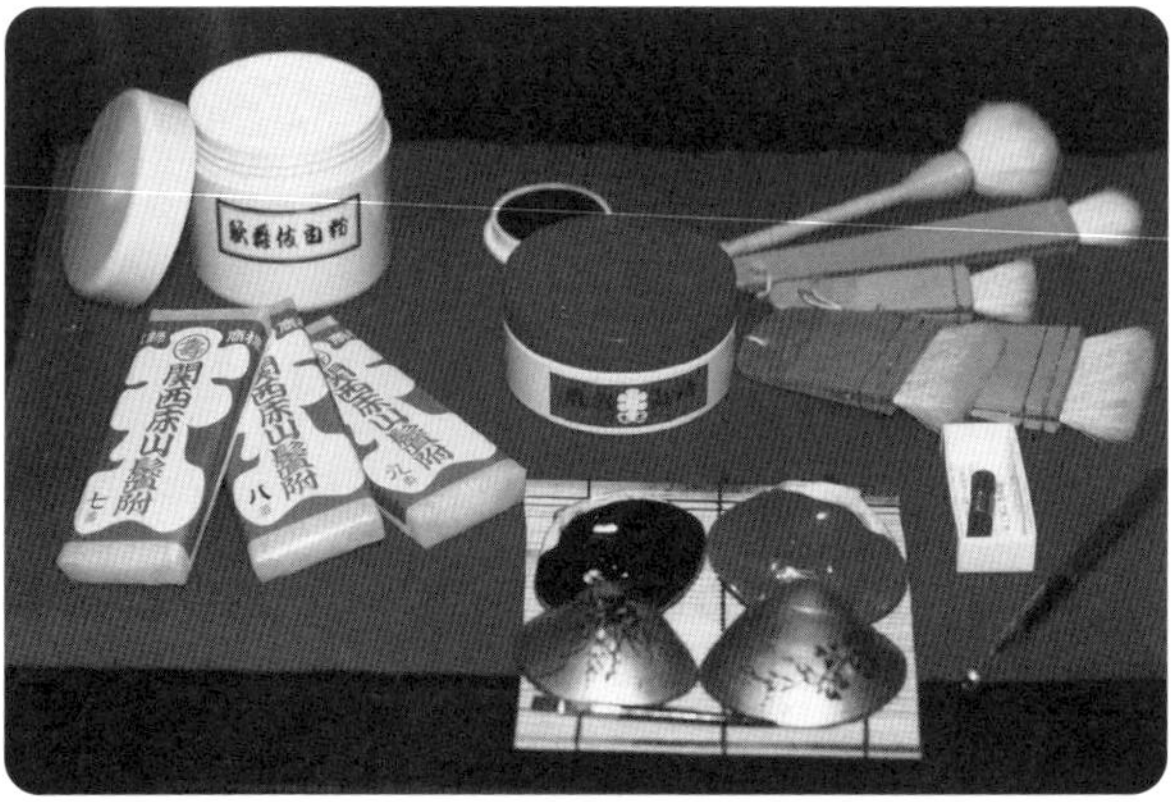


お紅、おしろい、お化粧用鬢付け油、刷毛（はけ）

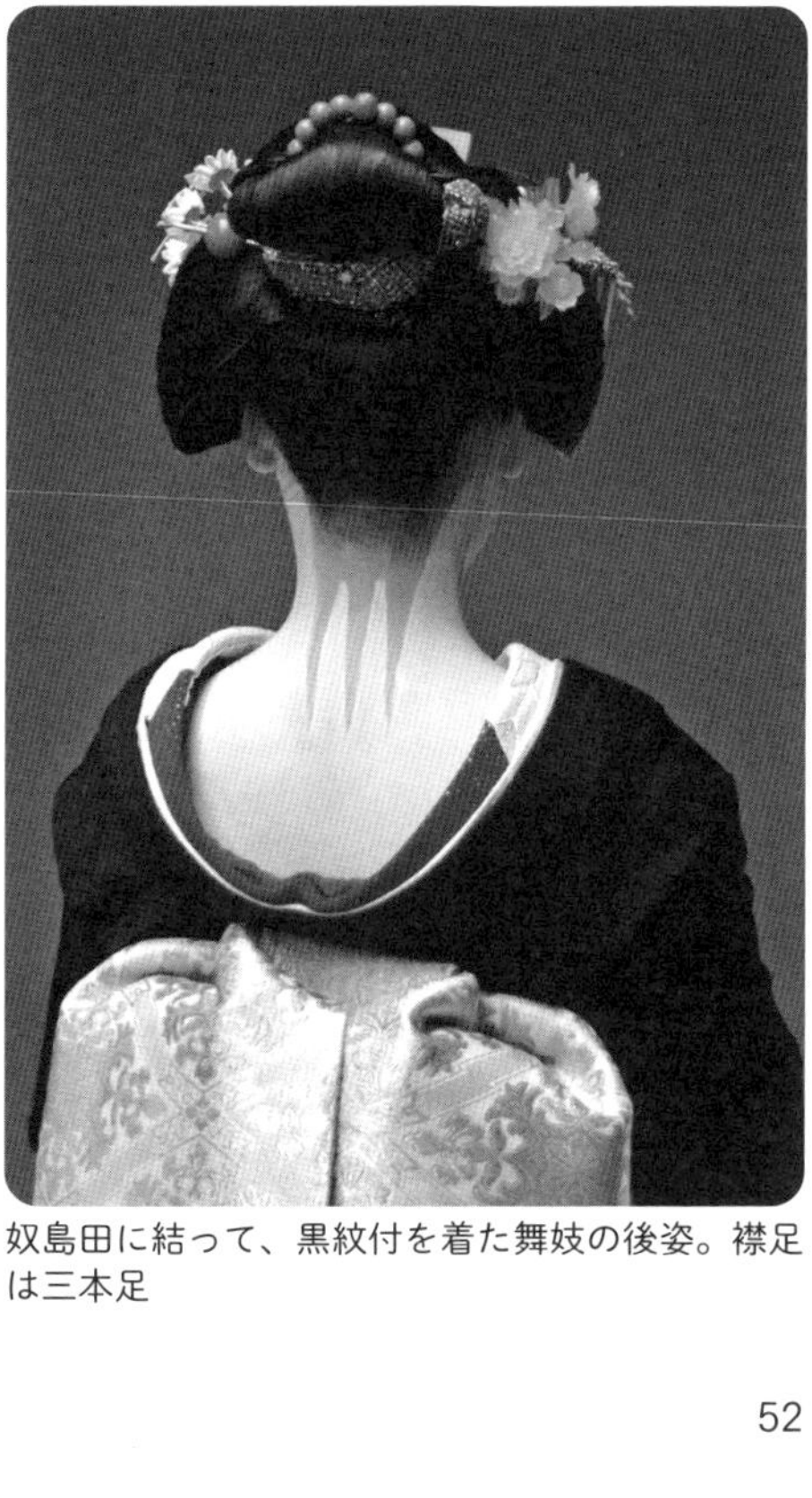

奴島田に結って、黒紋付を着た舞妓の後姿。襟足は三本足

**花街により異なる二本足・三本足**

| | | 色紋付 | 黒紋付 |
|---|---|---|---|
| 祇園甲部 | 芸妓 | 二本足 | 三本足 |
| | 舞妓 | | |
| 上七軒 | 芸妓 | 二本足 | 三本足 |
| | 舞妓 | | |
| 宮川町 | 芸妓 | 三本足 | 三本足 |
| | 舞妓 | | |
| 祇園東 | 芸妓 | 三本足 | 三本足 |
| | 舞妓 | | |
| 先斗町 | 芸妓 | 二本足 | 二本足 |
| | 舞妓 | 三本足 | 三本足 |

## 29. 日本髪を結ったまま舞妓が眠るときに使う枕を何と呼ぶ？

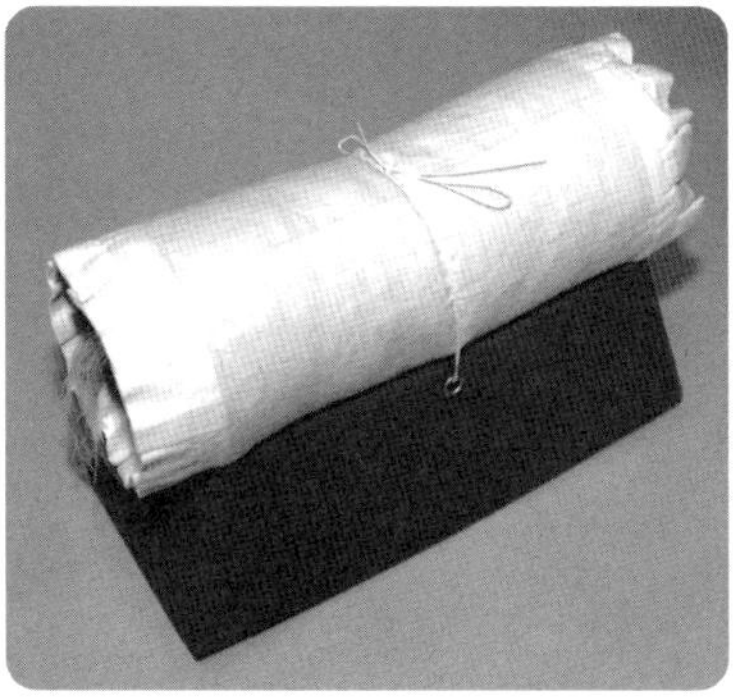

「おまく」と呼びます。高枕のことです。結髪を崩さないように、小さくて高い枕を首にあてて眠ります。寝ている間に枕が外れてしまいそうですが、だんだん慣れて髪も乱れずに上手に眠れるそうです。芸妓になればかつらをかぶりますから、かつらを外して私たちと同じように普通の枕で眠ることができます。

こたえ✿**おまく**

## 30. 舞妓が日本髪を整えたり、髪を結ったまま頭を掻《か》く櫛《くし》を何と呼ぶ？

日本髪は1週間程度の間は結ったままですから、私たちのように簡単に櫛でとかすわけにはいきません。朝起きたら、鬢掻《びんか》きで結い髪の表面をきちんと櫛目が通るようにきれいに整えます。また、頭皮を掻きたい時には先端の細い部分で髪が乱れないように上手に掻きます。

こたえ✿**鬢掻《びんか》き**

## 31. 舞妓や芸妓がお座敷など仕事へ行く時に、何と言う？

料理屋の宴会、お茶屋のお座敷、お客さんに歌舞伎などへ連れて行ってもらう時など、「お花、行ってきます」「お花で、〇〇さんへ寄せてもらいます」などと言います。お花というのは仕事という意味になります。お客さんとしては、芸妓や舞妓を呼ぶときは必ず「お花代」が必要です。歴史的に見ると、時計が普及する前の時代に一本のお線香が燃え尽きる時間を一つの単位として「一本」と呼んでいたことに由来するといわれます。当時、どこの花街でも同じお線香を使っていたわけではないので、一本は何分に当たるかそれぞれ異なりました。このためお線香花とか、お線香代とも呼ばれました。今でもその名残としてお花代は「何本」と本数で数えます。花街によって一本の時間は異なります。時代や花街によって、買い切り花、出張花、ひろい花、あかし花などという呼び方もありました。ちなみに、出たての舞妓でも、芸達者な芸妓でも、超売れっ妓でも、お花代は同額です。

こたえ✿**「お花、行ってきます」**

## 32. 馴染み客が芸妓や舞妓を誘って、食事や観劇などへ出かけることを何と言う？

「ご飯食べ」と言います。舞妓や芸妓と外出できるのは、お茶屋のおかあさんと信頼関係がある馴染み客に限られます。お食事や観劇などの費用はもちろんですが、さらに置屋（自前の芸妓ならば、自宅）を出てから帰るまでのお花代も必要になります。ご祝儀やプレゼントを用意するお馴染みさんもいます。昔の旦那さんは、自分の芸妓のおかあさんやねえさん、妹たちも誘って大人数で出かけることも多かったそうです。

こたえ✿ご飯食べ

## 33. 夕食をすませた後で、お座敷へ行くことを何と言う？ お食事はせずにお酒と乾き物でお座敷を楽しみます。

「あとから」とか、「あと口で」と言います。1回目のお座敷が終わった後でということです。花街により、場合により、始める時間は多少異なりますが、20時半からとか、21時からなどになります。仕出しなどの料理は取らず、簡単な乾き物などのおつまみで飲んで、お座敷を楽しみます。お食事しないので、ゆっくり芸舞妓と話したり、芸を見たり、お座敷遊びができます。またお食事代は必要ないので、その分はリーズナブルになります。

こたえ✿あとから、または、あと口で

## 34. しゃっさんとは、どういう人のこと？

花街によってお客さんの呼び方は多少異なります。安倍さん、などと直接名前を呼ぶ花街や、「社長さん」と思《おぼ》しき人をしゃっさん、若いお客さんをおにいさん、風格のある年配のお客さんをおとうさん、などと呼ぶこともあります。また、花街と親しいお付き合いの店舗などの主人もおとうさん、その奥さんはおかあさん、その息子はおにいさんなどと呼ばれます。

こたえ✿ **社長さん**

## 35. お座敷で芸舞妓と三味線の音に合わせたりしながら楽しむゲームを総称して何と呼ぶ？

いろいろな種類の「お座敷遊び」があり、三味線の音が雰囲気を盛り上げます。明治から戦前戦後の頃までは、邦楽や歌舞伎、芸に精通していたお客さんが多く、お座敷遊びと言っても、歌舞伎の「助六《すけろく》」を寸劇にして芸妓と楽しんだり、「さのさ節」、「都々逸《どどいつ》」などで粋に遊ぶ人もいました。また、芸妓に三味線を弾かせたりして、自分は鼓《つづみ》を打つなど、芸をまじえて楽しむこともできます。今は誰もが簡単に楽しめて、座が盛り上がるお座敷遊びが主流です。

こたえ✿ **お座敷遊び**

初級
中級
上級

## 36. お座敷で二人が衝立《ついたて》を隔てて立ち、虎、和藤内《わとうない》、和藤内の母親のどれかのポーズを取り、その組み合わせでジャンケンのように勝ち負けを決めるお座敷遊びを何と呼ぶ？

和藤内とは近松門左衛門の人形浄瑠璃や歌舞伎で上演される「国姓爺合戦（国性爺合戦）」の鄭成功を指します。父は唐土（中国）、母は日本の両国の間に生まれ、和でもなく唐でもないという洒落《しゃれ》から和藤内と呼ばれます。歌舞伎の「千里が竹の虎退治」の部分をお座敷遊びにしたもので、「千里走るような藪《やぶ》の中を…」と始まる唄と三味線に合わせて踊り、最後に虎、和藤内、和藤内の母親（杖をついたおばあさん）のどれかのポーズをとり、勝敗を決めます。槍を持った和藤内は虎に勝ちますが、自分の母親（おばあさん）には負け、おばあさんは虎に負けます。踊ったり、ポーズをとったりするので面白く、見ている人たちも楽しめます。

こたえ　**とらとら、または和藤内**

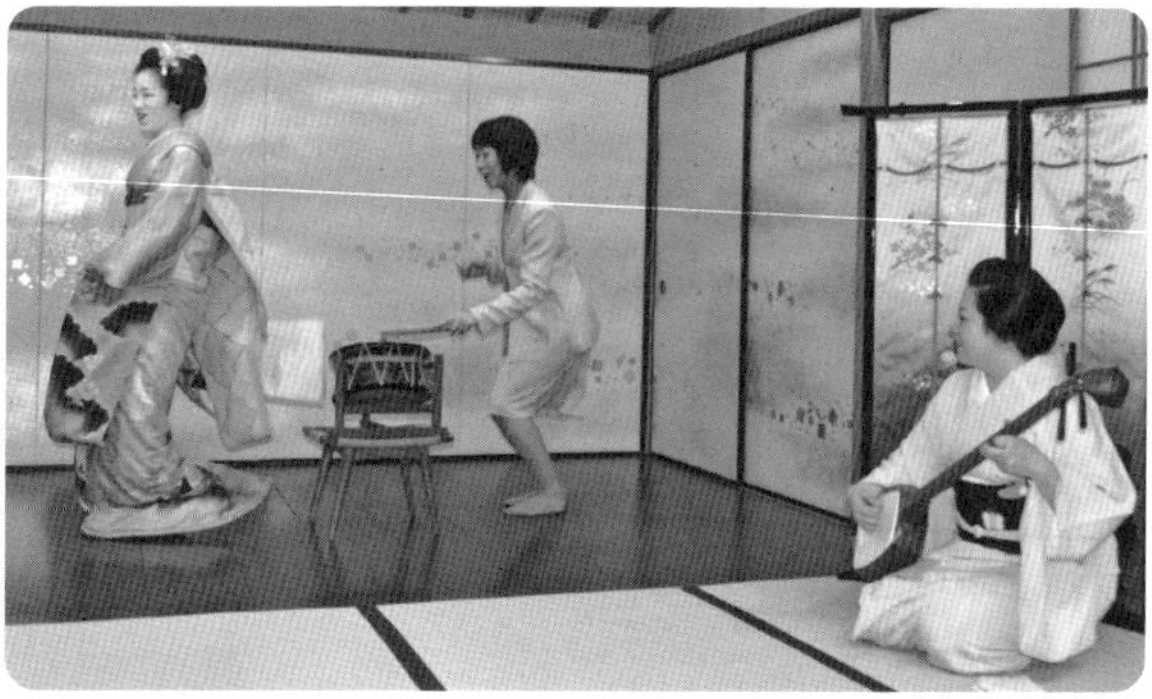

## 37. お座敷遊びで、太鼓の両側に一人ずつバチをもって立ち、その二人が三味線と掛け声に合わせてジャンケンをして、勝った方が太鼓をたたき、負けた方が一回りする（回転する）遊びを何と呼ぶ？

「おまわりヨイヤサー、ヨイヤサーのヨイヤサー」という掛け声と三味線の音が響く中、二人はジャンケンをして、勝った方が太鼓をたたき、負けた方はその場でぐるりと回り、またすぐに「おまわりヨイヤサー、ヨイヤサーのヨイヤサー」とどんどん続けます。ほろ酔い気分で目が回ったり、三味線が早くなると間に合わなくなったりして、滑稽な遊びです。ジャンケンの勝敗とは関係なく、太鼓をたたくか、回るか、その役を間違えた方が負け。

こたえ ✿ **おまわりヨイヤサー**

38. 壁や襖の前に立ち、「〇〇〇の◎の字はどう書くの？」という掛け声に、「こぉして、こぉして、こぉ書くの」とお尻で◎の字を書くお座敷遊びを何と呼ぶ？〇〇〇と◎に入る文字は？

いろはのいの字です。単純な遊びですが、おかしな格好になったり、色っぽい姿になったりして、皆で笑いながら楽しめます。

こたえ✿ 〇〇〇＝いろは、◎＝い

39. 親を決めて輪になって、唄に合わせてコインを順々に隣の人に回します。「とめ」の合図で手を止めて、親は誰がコインを持っているかを当てる遊びを何と呼ぶ？

「麦つんで、小麦つんで、お手に豆が九つ、九つの豆を数えりゃ、親の在所が恋しい、恋しくば、訪ね来てみよ、しのだの森のうらみ葛の葉」と唄いながら、コインを順々に隣の人に回していきます。思わせぶりなポーズを取って、回したように見せかけて自分のところにコインを止めておくことも可能。親はそれぞれの表情や動作を見ながら、誰がコインを持っているかを当てます。説明すると他愛ない遊びですが、童心に帰って楽しめます。

こたえ✿ 麦つんで

初級
中級
上級

## 40.「アウト、セーフ、ヨヨイノヨイ」という掛け声で、じゃんけんをして勝敗を決めるお座敷遊びは何？

「野球するなら、こういう具合にしやしゃんせ。投げたら、こう打って、打ったなら、こう受けて、ランナになったらエッサッサ。アウト、セーフ、ヨヨイノヨイ（または、ジャンケンポン）」という唄に合わせて踊りながらジャンケンをします。ジャンケンに負けた人が負け。「野球拳」に限らず、負けた人は、罰盃といってお酒を一気飲みします。しかし、今は無理に飲んだり、飲ませたりする時代ではありませんから、飲めない人はソフトドリンクでもOKですし、負けたら一芸を披露するという遊び方もあります。

こたえ✿野球拳

## 41.「…追い風《て》に帆かけてシュラシュシュシュ…」という唄と三味線に合わせてするお座敷遊びは何？

二人が向かい合う間に、徳利《とっくり》の袴《はかま》などを載せた肘掛けを置いて、「金毘羅《こんぴら》船船《ふねふね》 追い風に帆かけてシュラシュシュシュ まわれば四国は讃州那珂の郡 象頭山 金毘羅大権現 一度まわれば」という三味線の音に合わせて、交互に袴を手で触ってはひっこめます。一人が袴を取ったら、もう一人はグーに握った拳《こぶし》を出します。

三味線がどんどん早くなって行き、手を出し間違えた方が負け。または、二人が両手をグーに握り、交互に前に進めたり後ろに戻したりする遊び方もあります。

こたえ✿金毘羅船船《こんぴらふねふね》

## 42．芸妓が仮装して、普段とは違う芸を披露して鬼を除《よ》けるといわれる節分の行事を何と呼ぶ？

「お化《ば》け」です。節分の夜、気の合った芸妓が多くの場合二～三人で仮装してお座敷を回り、芸を披露します。たとえば、フラメンコの衣装を着てフラメンコを踊ったり、チアガールの衣装でチアガールのように踊るとか、「お染久松」や「越後獅子」の姿で演じるなど古典の題材で仮装する芸妓もいます。お客さんも舞妓に扮するなど一緒にお化けを楽しむこともあります。お座敷へ来て芸を披露する芸妓たちにはご祝儀をはずみます。基本的に舞妓は仮装せず、黒の掛け衿をつけたり、髪型を変えたり、梵天《ぼんてん》と呼ばれる球形の簪を挿すなど、日頃とは少し違う格好をします。昔はお化けをする町家もありましたが、今は花街にその風習が残っています。

こたえ✿お化《ば》け

## 43. 祇園祭の時に、7日間毎晩、四条通の八坂神社のお旅所へお参りして願《がん》をかけることを何と呼ぶ？

7月17日の夜から24日まで、四条通のお旅所にお神輿《みこし》さんが安置されます。神様がいらっしゃる間の七夜、毎晩お参りして願をかけます。家を出て戻るまで、決して声を出さずに願をかけることから「無言参り」と呼ばれます。花街だけの風習ではなく、一般の人もします。今では夜中に日本髪を結った舞妓が外を歩けば目立つのでできませんが、昔は「結婚できますように」などと人知れず願をかけたそうです。そして、本当に結婚できた芸妓もいたとか。当時は、馴染み客が待ち伏せていて「ワッ」とおどかして声を出させる親しい間柄ならではのいたずらもありました。するとまた家に戻って出直したそうです。馴染み客と芸舞妓との遠慮のない親しい関係がうかがえる話です。

こたえ ✿ **無言参り**

## 44. 8月1日に芸舞妓が芸の師匠やお茶屋へあいさつ回りする行事を何と呼ぶ？

「八朔《はっさく》」と呼びます。八朔とは八月の朔日《さくじつ》、旧暦8月1日のことです。新暦にすると8月25日頃から9月23日頃までの間を移動しますが、このあいさつ回りは、新暦で毎年8月1日に行われます。夏の暑い最中、祇園甲部では芸舞妓が絽の黒紋付の正装で、おふくに髪を結っている年長の舞妓は奴島田に髪を結い、井上八千代師匠やお茶屋へあいさつ回りします。日常的に顔を合わせる間柄でも、花街ではけじめをつけて、きちんとしたあいさつを重んじます。「親しい中にも礼儀あり」です。

こたえ✿八朔《はっさく》

## 45. 「かにかくに　祇園は恋し　寝る時も　枕の下を水の流るる」と詠んだ劇作家で歌人は誰？　この歌碑が祇園白川にあります。

吉井勇の歌碑（祇園白川）

吉井勇《よしいいさむ》（1886〜1960年）は、伯爵・吉井幸蔵の次男として東京芝高輪に生まれました。初めて手にした原稿料を持って祇園白川にあったお茶屋「大友」へ遊びに来て、翌月に祇園の歌を文芸誌「スバル」に発表。これが話題になり祇園歌人として知られるようになりました。その一つが、この「かにかくに…」です。戦時中の強制疎開で街並みが変わってしまい、今は「大友」はありませんが、当時は白川をまたいで建っていました。川の上の部屋に泊まった吉井は枕の下を川が流れゆく情緒を詠みました。

こたえ✿吉井勇《よしいいさむ》

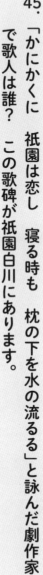

## 46. 祇園白川にある小さな祠《ほこら》で、芸舞妓が芸の上達を祈って手を合わせるお稲荷さんの名前は何？

祇園甲部の芸舞妓が井上八千代師のお稽古場へ行く途中、手を合わせて芸の上達を祈願する姿が今もあります。白川が流れ、春は柳の緑に美しい桜が映えて昼も夜も散策にはおすすめの地域です。

こたえ✿ **辰巳稲荷（辰巳大明神）**

## 47. 南座で「顔見世興行」開催中、12月初旬に五花街の芸舞妓が1日ずつ交代で、桟敷席で観覧するのを何と呼ぶ？

慌ただしい時期ですが、顔見世興行は年末の京都を彩る風物詩です。特に芸舞妓が華やかな衣装に身を包んで、ずらりと桟敷席に並ぶ「顔見世総見（花街総見）」は京都の雅を感じさせます。どの花街がいつになるか、毎年顔見世総見の日が決まると、その日の入場券を買おうという人が増えます。芸舞妓は歌舞伎役者の楽屋を訪ね、舞妓は12月の花簪に付いている小さなまねきに好きな役者にサインをもらいます。歌舞伎と花街は芸でつながっています。

こたえ✿ **顔見世総見（花街総見）**

辰巳稲荷（祇園白川）

桟敷席に並び、会場を彩った先斗町の芸舞妓ら（2014年12月、京都市東山区・南座）＝撮影・京都新聞

## 48. 12月13日に芸舞妓が芸事の師匠やお世話になっているお茶屋へあいさつ回りします。これを何と呼ぶ？

まだ年は明けませんが、花街ではこの日からお正月の準備を始めるなど、一年のスタートとなる日です。お鏡さん（鏡餅）を納め、「おめでとうさんどす」と芸事の師匠やお茶屋などに芸舞妓があいさつ回りします。花街によっては、「見習い一同」などと書いた大きなお鏡さんを見習い茶屋に納めます。

（祇園甲部の芸舞妓が井上八千代師を訪ねてあいさつする様子は、テレビなどで毎年報道され、雅な京の花街の風物詩となっています。）

**こたえ✿事始め**

# 49. 年末に舞妓がお茶屋へあいさつに行くと、贈られる大きな玉を何と呼ぶ？　割ると、お正月に飾る干支の置物や縁起物などが入っています。

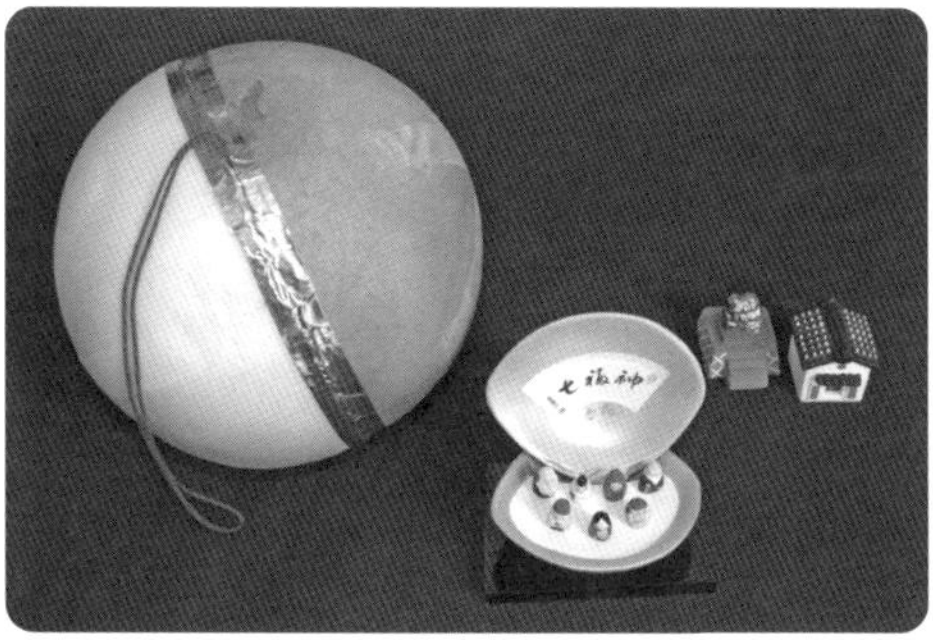
福玉

年末に日頃世話になっているお茶屋へ「お事多《ことお》さんどす」とあいさつ回りします。このとき舞妓たちがお茶屋でもらうのが「福玉」です。近年は年末年始には実家へ帰る舞妓がほとんどですから、あいさつ回りを事始めの時にする花街もあります。福玉はバレーボールくらいの大きさで、白と濃いピンク色の二色の厚いモナカの皮で作られています。元旦にお雑煮を食べる前に割ると中から縁起物や干支の小物が出てきて、三味線が出てくれば芸が上達、箪笥《たんす》が出てくれば衣装が増える、お蔵が出てくれば金運上昇、鍵が出てくれば家が持てるなどと、昔は縁起を担ぎました。

こたえ✿ **福玉《ふくだま》**

## 50. 1月13日に祇園甲部の芸舞妓が師匠の家へあいさつに行く行事を何と呼ぶ？

1月13日、祇園甲部の芸舞妓や仕込みが、新年のあいさつに井上八千代師を訪ねて、この一年もますます芸に励みましょうという志を新たにします。井上流門人として年の初めに改めて師匠と交わすあいさつには凛とした日本らしい美しさがあります。

こたえ ✿ 初寄り

## 51. 菅原道真の命日である2月25日に、北野天満宮で上七軒の芸舞妓が野点《のだて》をするお祭りを何と呼ぶ？

毎月25日は天神さんといって、北野天満宮には食べ物や骨董《こっとう》品など様々なたくさんの出店が出ます。特に2月25日は上七軒の芸舞妓の野点があり地元の人や観光客など多くの人でにぎわいます。芸舞妓が俳句を詠んで天神様に献句するのも習わしとなっています。芸舞妓の野点だけでなく、梅苑を散策したり出店を見たり、早春の一日を楽しめるお祭りです。

こたえ ✿ 梅花祭《ばいかさい》

初級
中級
上級

## 52. 舞妓としてデビューするお店出しの前にねえさんと姉妹の契りを交わし、おかあさんとの花街での関係も正式なものとなる儀式を何と呼ぶ？

〔ヒント〕お酒を酌《く》み交わします。

縁起の良い、お日柄の良い日が選ばれ、花街によって、千鳥の盃、三々九度など呼び方が多少異なります。仕込みの時から花街で暮らしているとはいえ、これにより花街の一員として正式に認められる厳粛な儀式。大きいねえさんによれば、昔はお盃で契った姉妹関係は血縁よりも強く、一生つづく大切な関係だと言います。

こたえ✿ **お盃《さかずき》、または、盃《さかずき》ごと**

## 53. 舞妓のあどけなく、子どもっぽい愛らしい様子を何と言う？

戦前戦後のころは9～10歳で舞妓になりましたから、幼い女の子でした。子どもですから夜になると眠くなり、お座敷でこっくりこっくりと居眠りすることもあったそうです。艶やかな大人の女性である芸妓とは違った「おぼこい舞妓」とお客さんも可愛がったといいます。

こたえ✿ **おぼこい**

## 54. 舞妓としてお店出ししてから、お花を千本売ると花街によってはお祝いをします。そのお祝いの名前は？

お店出しして舞妓になってお座敷へ出るようになると、贔屓にしてくれるお客さんもできて、お花も売れるようになります。この舞妓も「もうお花を千本売るようになりました」という感謝を込めて、お座敷へ呼んでもらったお茶屋と花街の関係筋に、祇園甲部では千寿の紙とお菓子や塩昆布などを配り、祇園東では千寿の紙とお饅頭などの和菓子を配ります。昔は紅白のお饅頭やお赤飯などを配ったものですが、最近は簡単に食べ切れるものが好まれるようになりました。

こたえ ✿ **千寿祝《せんじゅいわ》い**

## 55. 舞妓や芸妓になかなかお座敷がかからず暇な状態を、何を挽《ひ》くと言う？

なぜこう表現するのかは諸説ありますが、「お茶」を挽くと言います。昔、お座敷のかからない人はお茶を挽いていたからだとか、また大奥ではなかなかお呼びがかからない女性たちがお茶を挽いていたという故事によるともいわれます。時間を持て余した手すさびにお茶を挽く、というのは何となく想像できますね。

こたえ ✿ **お茶を挽《ひ》く**

## 56. 舞妓や芸妓が持つ、底が長方形の籠《かご》になっていて、その上に巾着《きんちゃく》のように布が縫い付けられており、紐《ひも》で結《ゆ》わいて閉じるバッグを何と呼ぶ？

こたえ✿お座敷籠

「お座敷籠」です。四角く編んだ籠に布を縫い付けて巾着のように閉じることができるバッグです。舞妓の「お座敷籠」は赤やピンクなど可愛らしい色彩と図柄の布、芸妓のお座敷籠は粋でスッキリした色柄の布で作られます。夏用は白っぽい色の籠に紗などの夏用の布で作られ、冬用は籠の色は焦げ茶色など濃い色で、縮緬《ちりめん》など冬用の布で作られます。私たちが着物を着るときにも持てますし、たくさん物が入るので便利。着物を着る時に楽しめるので、私も花街の小物屋さんで作りました。

## 57. 舞妓や芸妓がさす和紙で作られた雨傘を何と呼ぶ？

傘に描かれた輪が蛇の目のように見えることから蛇の目《じゃめ》と呼ばれるようになったと言われます。今も手作りで、真竹の骨に亜麻仁油をひいて天日干しにした越前和紙が張られます。和紙はとても丈夫なので、使った後は通気性を良くして、必ず取っ手を下にして立てておけば20～30年は持つそうです。お茶屋の玄関に芸舞妓の名前が入った蛇の目傘が置いてあると、日常では目にしない和の風情があ

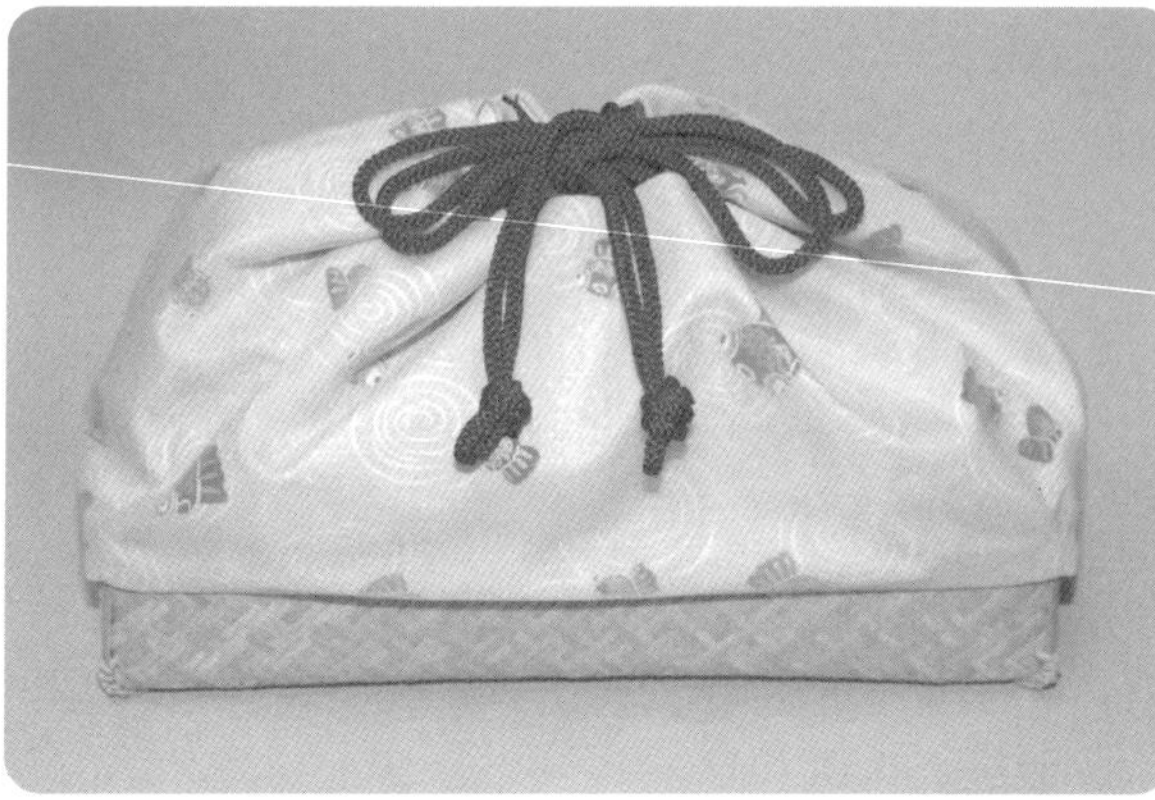

お座敷籠

蛇の目傘

ります。また、雨の後に蛇の目傘が干してあると花街情緒を感じます。

こたえ✿蛇《じゃ》の目傘《めがさ》

## 58．三味線を弾く芸妓を何と呼ぶ？

三味線を弾いている人は芸妓でないと思う人が時々いるそうですが、「地方《じかた》」の芸妓です。地方になるには地道な稽古が必要ですが、近年は若い地方の芸妓も増えて売れっ妓の地方もいます。三味線の音があってこそお座敷や舞台の雰囲気が盛り上がりますから、地方はなくてはならない重要な存在です。

こたえ✿地方《じかた》

## 59．舞台で舞を舞う舞妓や芸妓を何と呼ぶ？

地方に比べて華やかに見えますが、舞台へ出るには日々の厳しい稽古が必要です。大きいねえさんによれば、お嬢さん芸ではだめ、お客さまにお金を出して観ていただくのだからプロ意識が大切だと言います。最近はほとんどの花街で地方、立方《たちかた》と両方の稽古をしています。

こたえ✿立方《たちかた》

## 60. 太鼓、小鼓、大鼓などを〇物と呼びますが、〇に入る文字は？

「鳴《なり》」物《もの》と呼ばれます。芸舞妓の会話などで「今日は鳴物のお稽古どす」などと言います。舞台には鳴物が不可欠です。こうした和楽器について少しでも知ると、舞台を鑑賞する楽しみが増えますし、より深く舞台を理解できます。

こたえ ✿ 鳴《なり》

# 上級

## 1. お客さんが長い間懇意に女将とお付き合いをして、お座敷を持ったり親しくお付き合いするお茶屋を何と呼ぶ？

お付き合いするお茶屋は「一つの花街に一軒だけにする」という暗黙の了解があり、そのお茶屋を「宿坊《しゅくぼう》」と呼びます。たとえば、祇園東は「お茶屋A」と決めたら、祇園東でお付き合いしたり、自らお座敷を揚げたりする時は必ず「お茶屋A」にします。しかし、五花街に各一軒ずつ宿坊を持つことはかまいません。例えば先斗町は「お茶屋B」、祇園甲部は「お茶屋C」、上七軒は「お茶屋D」、宮川町は「お茶屋E」という風に各花街に宿坊を持つことはできます。一家の菩提寺は一つの寺と決まっているように、お茶屋も決めるということから宿坊と呼ばれるようになりました。ちなみに、接待で招かれたときや、友人知人が揚げるお座敷へついてゆく場合は、自分の宿坊以外のお茶屋へ行ってもかまいません。

こたえ✿宿坊《しゅくぼう》

## 2. お座敷が始まって座が温まると、すぐに座を離れて別の場所へ行こうとする落ち着きのないお客さんを何と呼ぶ？

今はゴマを炒る人は少ないかもしれませんが、ゴマを炒っていて、熱くなるとフライパンから飛び出します。このことから、落ち着きがなくてすぐに場所を変えようとするお客さんを「ゴマはん」と親しさを込めて呼びました。

こたえ✿ゴマはん

## 3．宴会が続いて、そのままお茶屋に泊まる馴染み客が昭和30年頃までいました。お客さん一人では寂しいので、舞妓や芸妓を何人か呼んでお酒を飲んだり、おしゃべりしたり、疲れたら横になるなどして夜を明かすことがありました。このことを何と呼ぶ？

戦前戦後のころまでは、個人商店の主人などは昼間からお茶屋へ遊びに来て一杯やって、大番頭さんが呼びに来ると「良きに取り計らえ～」とばかりに追いかえして、夕方になればまた宴会、ほろ酔い気分で眠くなったのでそのまま泊まろうか、ということもあったといいます。ただし、泊まっても、お客さんは芸妓や舞妓に決して手を出してはならないという不文律がありました。とはいえ、男女の仲ですから「雑魚寝」を機会に親しくなって旦那になったということもあったそうです。

吉井勇は歌に「世の介が大原の里の雑魚寝より　われの雑魚寝はなまめかしけれ」と詠みました。この雑魚寝は、井原西鶴の「好色一代男」巻之三「世之介二十四歳」に登場する洛北大原の里の雑魚寝を指しているといわれます。長田幹彦は「薄雪」（『祇園小唄』所収、千代田書院）に、「…引き留められるまゝにその夜は白川ぞひの茶屋の奥座敷で、他愛もない雑魚寝の夢を結ぶことになった。おほかたの舞妓は遊びに疲れて私達より先に臥床へ入ってしまった。隣の広間に敷きならべた扇模様の夜のものゝ間には人形のやうな小さな寝姿がいくつとなくみえて、ほの暗い有明の光は京風に結った髷や、無邪気な寝顔を絵のやうに照らし出してゐる。…」と、雑魚寝の情景が文学にも現れており、風流な遊びの世界でした。また川柳にも、「空寝入り　あまりいびきが　律義すぎ」とも詠まれました。どうしていいかわからず、狸寝入りしているといったところでしょうか。

こたえ✿雑魚寝

## 4. お茶屋で他のお座敷が気になり、自分のお座敷をちょっと出て、のぞきに行ったりするお客さんを何と呼ぶ？

お座敷は機密性のあるプライベートな空間ですから、人のお座敷をのぞきに行けば嫌がられます。でも、「廊下とんび」さんの心は、自分が気に入っている芸妓が「よそのお座敷へ呼ばれているのではないか？　気になるなー。ちょっとでも会いたい」と探している場合もあったようです。「あ、間違えちゃったよ。エッヘッヘー」などと、とぼけて襖《ふすま》を開けて中をのぞく人もいたそうです。愛嬌のあるお客さんなのかもしれませんね。

こたえ✿廊下とんび

初級
中級
上級

## 5. 用もないのにお茶屋の台所をうろうろして、居合わせた芸妓や舞妓とおしゃべりして、あわよくばお酒でも飲もうというお客さんを何と呼ぶ？

台所をうろつくので、「あぶらむし」というわけです。お茶屋の台所は内輪の女性ばかりがいる場所でいわば女の園ですから、招かれざる客になることもあるけれども、そこへ入ることができるのですから、気心の知れたお馴染みさんであるとも言えますね。

こたえ✿ **あぶらむし**

## 6. 今はこういうお客さんはいないようですが、お座敷でわがまま放題、女将や芸妓たちを困らせるようなお客さんを何と呼んだ？

電信柱に雷が落ちたら大変だということから、昔は困ったお客さんを「電信棒の雷」と呼んだと言います。そんなお客さんのお座敷は長引かないようにと、芸妓たちはおまじないをすることがありました。ちなみに、京都花街に遊んだ井上聞多（後の元老・井上馨／１８３５～１９１５年）はわがままで我が強くて、雷おやじと呼ばれたといわれています。まさに電信棒の雷。近年は大騒ぎするお客さんはいないし、とても礼儀正しいお客さんが多いそうです。

こたえ✿ **電信棒の雷**

**7. 気に入らないお客さんのお座敷は長引かないようにと、芸妓たちがおまじないとして、いつもと反対側の足からお座敷へ入ったり、簪を○向きに挿したりしました。○に入る漢字は？**

簪を「裏」向きにして挿したといいます。近くに座ったお客さんにはわかってしまいそうですが、気づかないお客さんもいたようです。すぐに気づくようなデリカシーのある人は、一般的に女性には好まれそうです。今では出たての舞妓が何の意図もなく、単に間違えて裏向きに挿してお座敷へ出て、遊び慣れたお客さんから「アレッ、嫌われちゃったのかな？」などと言われることもあるとか。若い舞妓は意味もわからず困惑するのだとか。

こたえ✿裏

**8. お茶屋さんと長いお付き合いをしている馴染み客が、旦那さんになりたいけれど、特に気に入った芸妓がいないという場合、戦前の頃までは女将さんや男衆さんが取り持って顔合わせをしました。このことを何と呼んだ？**

戦前戦後のころまでは、お茶屋によっては「みられ」の部屋がありました。その部屋に馴染み客が座っていると、芸妓が次々に現れて、その中から気に入った芸妓を選んだと言います。芸妓の側からは、みられで選ばれることを「あたる」

と言い、選ばれなかった場合は「はじかれる」と言いました。もちろん相手によりますが、「あたらないで良かった」と思う場合も多かったとか。それでも大正生まれのある芸妓によれば「はじかれたい」とは思っていても、いざはじかれてみると、嫌われたのか…とがっかりすることもあったようです。

祇園の芸妓・藤喜久は、みられで近衛文麿（貴族院議長、内閣総理大臣。1891～1945年）に出会ったと、「婦人公論」昭和42年4月号に書いています。近衛文麿は彼女を落籍《ひか》せました。おおらかに花街に遊んだ著名人や文人墨客がいた時代のことです。戦後は考え方が大きく変わり、みられは時代にそぐわず、行われなくなりました。

こたえ✿**みられ**

## 9. 現代では考えられないことですが、戦前の頃は舞妓が割れしのぶからおふくに髷が変わる時や衿かえの時などに、旦那またはお客さんと一夜を共にすることがありました。これを○揚げ、と言いました。○に入る漢字はなに？

「水」揚げと言いました。水揚げとは婉曲な花街の表現で、旦那が付いていれば旦那が、付いていなければ馴染み客が水揚げして、水揚げ旦那と呼ばれました。水揚げ旦那は女将と長いお付き合いをして信頼されている馴染み客に限られました。戦前の頃は、一般社会も現代とは状況が大きく異なり「十五で姐やは嫁に行き…」と童謡「赤とんぼ」（三木露風作詞）で歌われているように、立場や家柄を問わず、個人の意思は通らず、十代で親が決めた相手と結婚して子どもを産むのは特別なことではありませんでした。そうした時代の風習でした。

こたえ✿水

## 10．戦前のころまでの話ですが、良い旦那さんがついてこそ甲斐性のある芸妓と言われました。旦那さんがつく目途《めど》がたつことを、〇〇〇がつくと言いました。〇〇〇に入るひらがなは？

「あたり」がつくと言いました。旦那さんというと男女関係ばかりを想像する人がいるかもしれませんが、旦那は花街文化を女将たちと支え、芸妓のあらゆる面でのサポーターになれる甲斐性のある男性でした。旦那の力で、一流の師匠について たくさんの芸や書画の稽古をさせてもらったり、旅をして見聞を広めたり、著名な役者や文化人たちとの人間関係も広がるなど、芸妓の教養が高められました。旦那にはこの芸妓を育てよう、という支援の心意気があったわけです。

こたえ✿あたり

## 11. 好きな芸妓を呼びたいが、たくさんお花がついていてなかなか来てもらえない。でも、どうしても会いたい、自分のお座敷へ来てほしい、という場合に馴染み客が芸妓に手紙を書くことがありました。その手紙を何と呼ぶ？

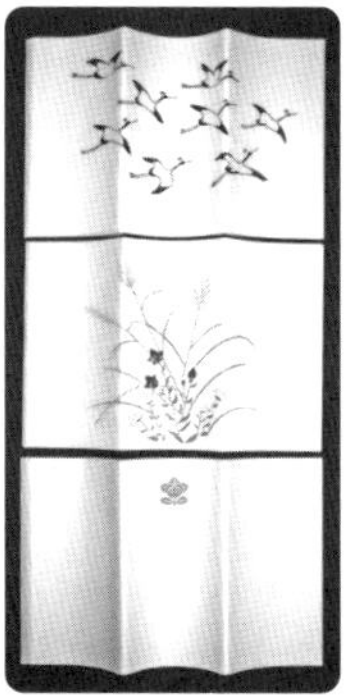
紋紙

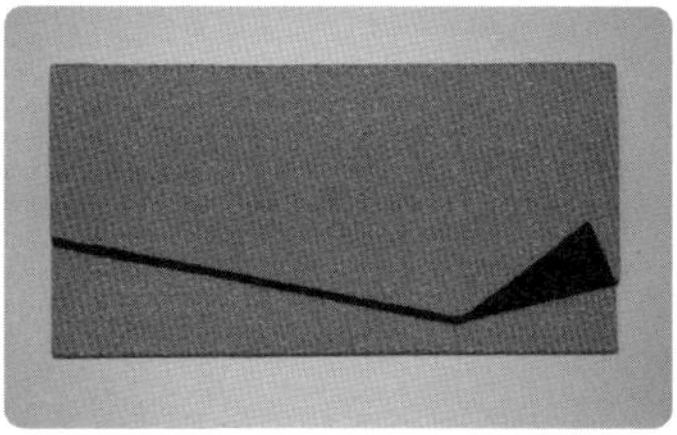
合財

「逢状《あいじょう》」を書いて送ることを、逢状かけると言います。花街によっては、たとえば「○○さん　ちょっとにてもお越しください」などと書き、男衆が○○さんのところへ届けました。今でも書くお客さんもいます。逢状をたくさん持っている方がカッコイイので、古い逢状も懐へ入れている芸妓もいたようです。昔の芸妓は財布代わりの合財《がっさい》に紋紙を巻いて、帯の中へ入れていました。逢状をもらっても会いに行けない時には、芸妓がお客さんに紋紙《もんがみ》で返事を書くこともありました。また、芸妓によっては逢状が届いたからといって、待ってましたとばかりにすぐに出かけるのは格好が悪いかと、まずは逢状を送り返すこともあったとか。合理性を追求しないのが文化です。お客さんと芸妓のちょっとこそばゆいけれども、恋愛ごっこのような粋なやりとり、こんなところにも花街らしい遊びの世界が垣間見られます。

こたえ　**逢状《あいじょう》**

## 12. 馴染み客や旦那さんが舞妓や芸妓にお花をつける（花代を払う）ものの、自分のお座敷へ呼んだり一緒に出かけたりしないで、自由に過ごさせてあげることを何と言う？

「お遊び」と言います。お客さんがお花代は払うけれども、芸舞妓は自由に過ごすことができます。たとえばご飯食べの後、「お遊び」にしてあげるとか、東京へ出張した芸舞妓に、銀座でショッピングや東京ディズニーランドへ行けるようにお遊びにしてあげる、というような具合です。

こたえ ✿ **お遊び**

## 13. 舞妓がねえさんに連れられて初めて東京へ行くことを何と言った？

今では首都圏出身の舞妓や、修学旅行で東京へ行ったことのある舞妓も多いので、昔のような「初のぼり」気分は薄れましたが、ある東京出身の舞妓は、生まれ育った東京とはいえタクシーで移動したり、高級な料亭や、歌舞伎座などへ連れて行ってもらったりして、自分が知っていた東京とは全く違う東京を見たと、熱っぽく語りました。確かに、普通の高校生や大学生の女の子にはできない豪華な東京見物になります。昔は初のぼりと言うと派手に東京土産をたくさん買って来て配ったりするなど大がかりなものでした。旦那さんや贔屓筋のサポートがないとねえさんにとってはかなりの物入りでしたから、近年は花街によっては初のぼりとは言わずに「東京行き」として、観劇や師匠の舞台を観に行った後にご飯食べに誘ってもらうなど、その時々でできる範囲でする場合もあるようです。

こたえ ✿ **初《はつ》のぼり**

**14. 今はもうありませんが、花街によっては昭和40年ころまでは年に一度衛生掃除がありました。贔屓にする芸舞妓に旦那さんや馴染み客がお花をつけて、掃除をしないですむようにしてあげました。これを何と呼ぶ？**

年1回だいたい初夏に、お茶屋や置屋（屋形）では畳をあげて、年中行事のように大掃除をしたといいます。日ごろ忙しい売れっ妓に、旦那さんや馴染み客がお掃除などしないでゆっくり休みなさい、とお花をつけてあげたわけです。芸妓にとってはそのように自分に気遣ってくれるようなお客さんを持っていることは誇りだったとか。今では衛生掃除もないので、掃除抜けもありません。

こたえ ✿ **掃除抜け**

**15. 7月の「祇園祭」、8月の「大文字」、2月の「節分」に、旦那さんや馴染み客が贔屓にする芸舞妓にお花を1日つけて、お祭りの忙しい時期に仕事をしないですむようにしてあげたことを何と呼ぶ？**

これらのお祭りは特に蒸し暑い京都の夏と、底冷えのする寒い時期に行われるため、昔の気前の良い旦那さんは、そんな時期にはゆっくりしなさいとお花をつけて休ませてくれたそうです。大正生まれの芸妓によれば、お茶屋や置屋にとってこの時期は繁忙期で芸妓にはお座敷へ出て欲しい時ですから、かなりの経済力と芸妓思いの旦那さんを持った芸妓でないとできないことだったそうです。

**こたえ✿お祭り抜け**

**16. 戦前頃までは、旦那さんがたくさんいるほど芸妓としては芸も容姿も優れている印と言われたそうです。そんな甲斐性も魅力もある芸妓を独占したいために、自分以外に旦那を取らないでいてもらうことを、〇止めと言いました。〇に入る漢字は？**

「客」止めと言いました。自分以外の人はすべて断ってもらうわけですから、自分一人で手当てを倍額、またはそれ以上出すことになったそうです。それでも好きな芸妓を独占したいという心意気のお大尽《だいじん》がいたようです。

こたえ✿客

## 17. 旦那さんから芸妓と縁を切りたいという話が出た場合、お茶屋や置屋など内輪では「〇〇に、ならはるのやろか」とか「〇〇が出たそうえ」などと言ったものだそうです。〇〇に入るひらがなは？

内輪で使われる言葉で、隠語とも言えます。旦那さんやお客さんに言う言葉ではありません。芸妓と縁を切りたい場合は、その旨を旦那になった時と同様に（旦那になる時も、芸妓本人と直接やりとりせず、おかあさんを通すのが慣習）、お茶屋のおかあさんに最初に伝え、おかあさんが芸妓に伝えます。

この場合は、旦那から別れを持ち出すので、毎月の手当ては引き続き向う3カ月程度は渡すことになります。「まず」を用意する、という表現があります。

今や女性が一人で生きて行くことは特別なことではなくなり、旦那さんをもたずに自由でいたい芸妓が増えたとか。

こたえ✿まず

## 18. 前問とは逆に、芸妓が旦那と別れたいという場合は「お○をいただく」と表現します。○に入る漢字は？

お「暇」をいただく、と言います。この場合も当人同士は話さず、芸妓はお茶屋と置屋のおかあさん、または、ねえさんに相談します。おかあさんは旦那と芸妓の両方の言い分を聞き、相談にのり、仲直りするように取り計らったり、説得したりします。それでも結果的に別れる場合は、旦那は「まず」を用意する必要はありません。おかあさんたちは、二人の仲が中途半端に終わらないように、芸妓も旦那も花街内で気まずい思いをしないで済むように取り計らいます。人間関係をうまくこなすのがお茶屋のおかあさんたちです。

こたえ✿暇

## 19. 芸舞妓の名前で、たとえば市楽さんの妹が市琴さんなど、ねえさんの名前の一文字をもらって姉妹のつながりで名前を続けて行くことがあります。そうした姉妹関係を、姉妹○と言います。○に入る漢字は？

姉妹「筋」と言います。筋で姉妹関係をつなげて、問題が起こったときなどには姉妹筋の大きいねえさんに相談するなど、お互いに助け合います。

こたえ✿筋

初級
中級
上級

## 20. お座敷の途中でお手洗いへ立つことを、何と言う？

［ヒント］直接的な表現ではありません。

お客さんがお手洗いへ立つと、舞妓か芸妓がそれとなく案内してくれます。お手洗いの入口でお客さんがスリッパを脱ぐときちんとそろえて、何気なく廊下に立って待っていて、お客さんとお座敷へ戻ります。お手洗いの前で「待っていました」という無粋さを感じさせません。舞妓はこうした自然なタイミングや心遣いも、仕込み時代から先輩たちがするのを見て学びます。

**こたえ✿高《こう》野《や》参《まい》り**

## 21. 近年はお正月は家庭で過ごす人が多いですが、お茶屋へ年始のあいさつ方々遊びにくる馴染み客もいます。そうした親しいお客さんにはお箸紙に、たとえば鈴木さんなら「鈴木〇〇様」と書きます。〇〇に入る漢字は？

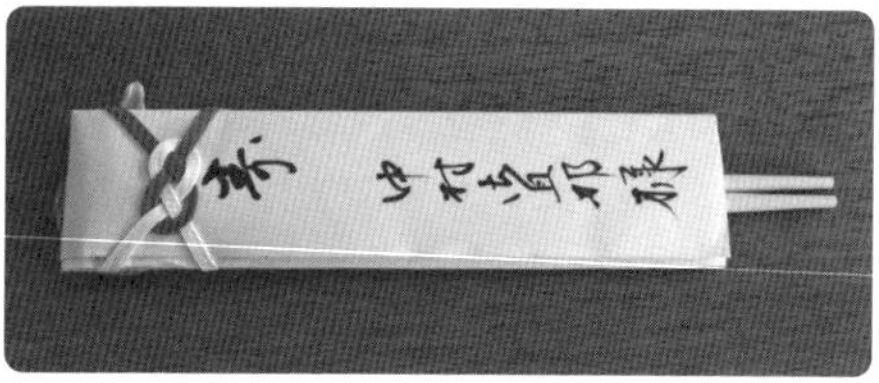

お正月のお箸紙

お茶屋が「鈴木御旦那様」などとお客さんの名前を書いたお箸紙を用意してくれるということは、馴染み客である印です。女性の場合は「鈴木御奥様」などと書きます。花街やお茶屋により若干異なりますが、七草まで、または小正月までの間、このお箸紙を用意して、ごまめ、数の子などのお節料理《せちりょうり》とお神酒《みき》を出してお正月を祝います。馴染み客が芸妓の旦那である場合は、彼女の筋《すじ》の妹やねえさんも裾引きの黒紋付で集まり、お正月のごあいさつをします。昔は旦那は全員にポチ袋に入れたお年玉を渡したものでした。

今は減ったようですが、お客さんがお正月に馴染みの芸舞妓を家へ招き、芸を披露してもらったり、大きな人寄せがある場合は接待を手伝ってもらうこともあります。京都では家族ぐるみでお茶屋とお付き合いしているお客さんもいます。最近は、芸舞妓の多くが12月末から1月の始業式の前ころまで里帰りしますから、始業式前のお正月の風情は減りました。

こたえ ✿ **御旦那**

初級
中級
上級

## 22. 衿かえして芸妓になり、〇〇が明けると置屋（屋形）を出て自活するようになります。〇〇に入る漢字は？

仕込みとして置屋へ入ってから、舞妓としてお店出しするまでにかかった芸のお稽古代、お店出しにかかる膨大な費用、生活費などを相殺する期間で、花街により置屋により異なりますが、だいたい5〜7年程度。この期間を年季と呼び、「年季」のある間は本人にはお花代は入ってきませんが、衣食住はもちろんお稽古代、お座敷の衣装代などすべて置屋が負担しますから、生活の心配はありません。本人はお小遣い程度を受け取ります。戦前のように家族のために借金して置屋へ入る人はいませんが、年季という言葉は残っています。

こたえ✿年季《ねんき》

## 23. 年季が明けた芸妓は置屋を出て、自立して生活するようになります。このことを何になると言う？

年季があるうちは本人にはお花代は入って来ませんが、生活費もすべての経費も置屋が負担してくれますので、自分で負担する経費はありません。ところが、「自前」になると衣食住、芸のお稽古代、お付き合いなどの経費、すべてが自己負担となります。裾引きの衣装も普段の着物も、かつらも小物も、普通の勤め人の衣類や持ち物とは比較にならないほど値が張りますし、お稽古も何種類もしますから、そのお月謝やお付き合いもかなりになります。それでも自分にお花代が入ってきますから、売れっ妓になればやりがいがあります。自前になってこそ、芸妓の正念場というわけです。

こたえ✿自前《じまえ》になる

## 24. 置屋では仕込みや見習い、舞妓、年季の明けない芸妓たちがおかあさんの元で寝食を共にします。一緒に生活しながら修業する仲間を何と呼ぶ？

「朋輩《ほうばい》」と呼びます。置屋ではおかあさん、ねえさん、妹が、家族のように暮らします。勤め人は帰宅すれば会社の上司や同僚、部下と離れますが、置屋では24時間一緒。置屋の生活を経験して、お付き合いが上手にできるようになったという芸舞妓は少なくありません。人間関係はどんな場所でも難しいと言われますが、また逆に、理解しあえれば助け合い、励まし合うことができる関係を築くこともできます。お互いに勉強になり、得るものが多いことも確かです。

こたえ✿朋輩《ほうばい》

## 25. 仕込みの期間を終えると、実地にお茶屋のお座敷へ出て学びます。そのお茶屋を何と呼ぶ？

仕込み期間が終わると「見習い茶屋」が決まり、実際にそのお茶屋のお座敷で行儀作法やしきたり、もてなし方などをねえさんたちがするのを見て学びます。見習い期間は数週間から1カ月程度。お盃を交わしたねえさんが見習いをしたお茶屋が見習い茶屋になることがほとんどで、同じお茶屋で見習いをした仲間を見習い姉妹と呼びます。近年は花街によっては、見習い茶屋を決めずに、ねえさんたちが出るお茶屋へ連れて行ってもらって見習いする場合もあります。

こたえ ✿ **見習い茶屋**

## 26. 見習いとしてお座敷へ出るときに締める帯を何と呼ぶ？

舞妓のだらりの帯はくるぶし近くまで長く垂れ下がっていますが、見習いは「半だら」の帯を締めます。「半だら」は名前の通り、短いだらりの帯です。舞妓のだらりの帯よりも幼く子どもらしい雰囲気があります。ちなみに髪型は割れしのぶに結います。

こたえ ✿ **半だら**

## 27. その人の年齢や雰囲気から見ると衣装や身に付けるものが子どもらしすぎたり、若すぎて似合わないということを何と言う？　花街では舞妓が大人っぽくなり、子どもらしい舞妓の衣装が似合わなくなった時などに使われます。

半だらの帯を締めた見習い

「えずくろしい」と言います。たとえば、舞妓が衿かえして芸妓になるタイミングは年齢もありますが、見た目もあります。年の割に愛らしく、舞妓の衣装が似合う人は、比較的長く舞妓のままでいる場合もあります。

こたえ✿ **えずくろしい**

初級
中級
上級

## 28. その人の年齢や雰囲気から見て、衣装などが地味な場合は、何と言う?

最近はあまり使われないようですが、たとえば、若い人が年齢から見て地味な着物を着ている場合に「こうとやなぁ」などと言います。しかし、地味ではあっても、その人に似合うように、着物を誂《あつら》える時に「こうとにしとくれやす」と頼むこともあります。奇麗どころとも呼ばれる芸舞妓は、自分に似合うかどうか、自分を奇麗にみせるかどうか、をよく考えて衣装を選んでいることがわかります。

こたえ✿こうと

## 29. 芸妓も自髪で日本髪を結っていた時代には、若い頃からずっと日本髪を結い続けて髪が引っ張られているために、髷の中が禿《は》げることがありました。髪の毛が抜けやすくて禿げやすいことを〇〇〇〇〇頭と言いました。〇に入るひらがなは?

［ヒント］食べ物の名前です。

「こんにゃく」頭と言いました。大正生まれの芸妓さんから聞いた話では、頭皮が柔らかい人ほど髪が抜けやすかったそうです。

こたえ✿こんにゃく

## 30. 前問の逆で、髪の毛が抜けにくくて禿げにくいことを○頭と言いました。○に入る漢字は？

「石」頭と言いました。頭皮がしっかりしていて髪の毛が抜けにくい人もいたそうです。日本髪は毎日結い直すわけではなく、寝るときも結い髪のまま高枕（今も舞妓は「おまく」と呼ぶ高枕で寝ます）で寝て、髪を洗えばまたすぐに結うのですから、髪や地肌への負担は大きかったわけです。今の私たちが考えると、ヘアスタイル一つをとっても我慢が必要ですね。

こたえ✿石

## 31. 日ごろおふくに髪を結っている年長の舞妓が、祇園祭の時に結う髪型を何と呼ぶ？

「勝山《かつやま》」です。お姫様のような華やかな簪を付けて、髷の両脇には梵天《ぼんてん》という撫子の花が付いた簪を挿します。撫子の花の色は最初はピンクなどで、少しねえさんになるとブルーなどもあります。夏ですから鹿の子も絽になり、銀色の模様がついて涼しげです。勝山という名の由来は、江戸時代の17世紀中ごろに江戸の吉原で人気のあった遊女、勝山が結っていた髷で、彼女の名前とともに流行りの髪型として女性の間に広まりました。後に丸髷となり一般の既婚婦人の髪型として昭和初期頃まで結われていました。

こたえ✿勝山《かつやま》

## 32. 日ごろおふくに髪を結っている年長の舞妓が、お正月や八朔などに結う髪型を何と呼ぶ？

「奴島田《やっこしまだ》」です（写真は52頁）。元々は江戸時代後期の武家の娘の髪型でした。花街では元日から1月15日までの正月や、八朔（祇園甲部のみ）、また先笄に結う直前に結う髪型で、珊瑚の玉が連なった奴玉をつけ、その中央を翡翠の玉で留めます。若い舞妓は赤い鹿の子、年長の舞妓は鹿の子がピンク色などに変わります。

こたえ✿奴島田《やっこしまだ》

## 33. おふくに髪を結っている舞妓が節分に結う髪型は？

お染め、結《ゆ》い綿《わた》、粋書《すいしょ》、おしどりの雄、おしどりの雌、吹き輪、長舟《おさふね》、菊重ね、お俊《しゅん》など。花街により、舞妓のキャリアにより、置屋によりどの髪型にするか、バリエーションがあります。また、割れしのぶに結っている舞妓でも花街により、お店出しからすでに1年が過ぎて、ねえさんの許しがあれば、「お染め」を結うことができます。ちなみに、「結い綿」は町家の結婚前の娘が結った髪型で、幕末の頃に廃れましたが大正頃から京阪で復活しました。「粋書」は江戸時代後期から京都を中心に20代の女性が結い、「おしどり」は京阪の婚約した娘が結った髪型でした。「吹き輪」はあんみつ姫のような髪型で、愛らしく華やかな簪を挿します。「長舟」は江戸時代後期の武家の娘が結った髪型で、近年これを結う舞妓は少なくなりました。大人っぽくて色気を感じさせる髪型なので島原の太夫も結います。

髪結いさんによれば、舞妓の髪型は芸妓になる直前に結う先笄以外は、色っぽさのない少女らしい髪型にするのが伝統だそうです。

花街の髪型というと、町家の人とは全く違う髪型だと考える人もいるようですが、舞妓が結う髪型は素人の娘の髪型でもありました。こうしたいわゆる多様な日本髪は町家では廃れたものの、花街には江戸時代から昭和初期頃までの日本女性の伝統的髪型が今でも生きています。

**こたえ✿お染め、結い綿、粋書、おしどりの雄、おしどりの雌、吹き輪、長舟、菊重ね、お俊、など**

## 34. お店出しの時に、舞妓は割れしのぶの髷の後ろに鳥の尾のような細長い紙を三本付けます。これを何と呼ぶ？

「見送り」と言います。髷の後ろにくるりと少し反って見える飾りです。横や後ろから見たときに華やかに見えます。特に舞妓の姿は注意してみると、毎月変わる花簪だけでなく、鹿の子の色が赤だったりピンク色だったり、髪の結い方も挿しものも、小物も、ファッションすべてに季節や年齢、キャリアを反映したバリエーションが多いことに気づきます。京都の伝統工芸品を身につけた舞妓の姿は動く美術館とも表現されるほどです。それを鑑賞することもお茶屋遊びの楽しみの一つです。

**こたえ✿見送り**

## 35. 昔、お座敷で舞妓同士でおしゃべりをする時などに、たとえば「み」なら指で耳たぶを持つなどしてイロハ48文字を表して、声を出さずに意思の疎通を図りました。それを何と呼ぶ？

戦前戦後の頃までは舞妓は幼い女の子で、「へえ」とだけ言っていれば良いという時代でした。特に、大人であるねえさんたち（芸妓たち）を差し置いて、お座敷でしゃべることはありませんでした。お客さんの近くにはねえさんたちが座るので舞妓は近づけなかったそうです。

大きいねえさんによれば、暑い夏にようやくお座敷へ呼ばれて喜んだけれども、いざ行ってみると団扇を渡されて、お客さんを「扇《あお》ぎよし（扇ぎなさい）」と言われて、扇いだだけで屋形（置屋）へ帰ってきたと言います。

そんな時代に、舞妓はお座敷で黙っているだけでは退屈。かと言っておしゃべりするなどもってのほかですから、舞妓同士で目くばせしながら、イロハ48文字を身振り手振りで、動きの少ない手旗信号のようにして、おしゃべりしました。「ま」は指で眉毛を指し、「し」は指でしの字を書き、「や」は弓矢を引く真似をする、などです。

また、芸妓同士でも、この「身振り言葉」でお客さんに聞かれたくないことを伝え合うこともあったとか。大正生まれの芸妓に目の前でしてもらったことがありますが、なるほど、見ていてもしぐさがあか抜けていて色っぽい感じでした。戦前のお客さんには身振り言葉がわかる人がいたそうですが、何を言われても、幼い舞妓が戯れている様子は愛らしかったのかもしれません。

**こたえ✿身振り言葉**

## 36. 好きなお客さんに来て欲しい、そんな時にするおまじないがありました。東西南北を指す十字路に立ってしゃもじでお客さんを招くポーズをします。このおまじないを何と呼んだ？

東西南北を指す十字路で、それぞれの路地の方を向いて、しゃもじで3回ずつお客さんを招くポーズをします。昭和初期生まれの大きいねえさんによれば、置屋に入ったばかりの頃にこれをするようにおかあさんから言われてやってみると、なんとすぐにお座敷の予約が入ったそうです。また、昔、好きなお客さんがいてぜひ来てほしいとこのおまじないをしたら、その人が玄関に現れたという話もあります。思う念力かもしれません。

**こたえ✿ 四辻参り、または四辻の神様**

## 37. 今のお客さんは皆さん礼儀正しいですが、昔、「電信棒の雷」さん（79頁）が居てお座敷で怒鳴り散らして女将や芸妓を悩ませる…。そんな時、「早うお帰りやす！」と願いながらお客さんの履物の裏に何をした？

このおまじないをすると、お座敷の電信棒の雷さんに念力で火が届くのか、「アッチッチー」とばかりに帰ることもあったとか。昔、ねえさんの言うことに「へえ（はい）」しか言えなかった時代に、お座敷に厳しいねえさんが居続けると下の者は気疲れするものの「ねえさん、はよお帰りやす」とは言えないので、ねえさんの履物の裏にもこのおまじないをしたそうです。

こたえ✿マッチをすって、玄関に脱いである電信棒の雷さんの履物の裏に、火傷をさせるかのように、シューッと撫でました

## 38. 芸あっての芸舞妓。春と秋の舞台の他にも出番がたくさんあります。舞台で上がらないようにするおまじないがあります。楽屋から舞台へ出る直前に背中をどうする？

特に若い舞妓にとっては「出番だ！」という時に、このおまじないをしてもらうと「大丈夫かしら…？」という迷いが吹っ切れて、背筋が伸びて気合が入るそうです。日ごろ、おかあさんやねえさんたちから「お客さんは財布を開いて舞台を観てくれはります。お嬢さん芸になってはあかん」と、プロ意識を諭される舞妓たち。舞台に立つ舞妓は若くてもプロですから、稽古はみっちり、舞台ではベストを尽くせるように気持ちの持って行き方も大切です。

こたえ✿背中をパンパンパンと3回たたいてもらう

## 39. 細長く紙縒《こよ》りにした和紙の端と端を結び、両側から引っ張り結び目が固く閉じたらば「好きな人がお座敷へ呼んでくれる」という、芸舞妓がした占いを何と呼ぶ?

大きいねえさんによれば、昔はお座敷の前にこういう占いをして楽しんだと言います。結び目が閉じずに抜けてしまっても、仕事や用事を「抜けて来る」と良きに解釈して、好きな人がお座敷へ呼んでくれるのを待ったそうです。当時は、お正月の三が日にこの占いで結び目が固く閉じて、好きな人がお座敷へ会いに来てくれたら、その年に落籍《ひか》される（芸妓を辞められる）と占った芸妓もいたといいます。占いが本当に当たって、好きな人と結婚した芸妓もいたとか。

**こたえ✿待ち人**

## 40. 芸妓を廃業する（辞める）時にするあいさつを何と呼ぶ?

「引祝《ひきいわい》」と言います。辞める旨を花街内やお世話になった人たちに知らせる意味があります。戦前の頃は、旦那に身受けされて芸妓を辞めて、花街を去ることを「落籍される」と言いました。この言葉から引祝と言うようになったとされます。さし紙に「引祝」、自分の芸妓または舞妓としての名前、改メ〇〇子（本名）を書いて配ります。戦後の頃からは、芸妓を辞めて別の仕事に就く、結婚するなどの理由で引祝をします。

こたえ✿ **引祝《ひきいわい》**

## 41. 前問の続きです。あいさつ回りで「引祝」の紙とともに配る折詰があります。折詰の中身に何を入れるのでしょう？

白蒸し（モチ米を蒸したもの）だけを入れた折詰を配ると、もう私は花街へ戻ってくることはありません、という意味になり、白蒸しにお赤飯が混ざっていると、また花街へ戻るかもしれません、ということを意味します。言葉にしない、暗示的な表現です。今でもこうした折詰を引祝の時にお世話になったお茶屋や関係者に配る花街もありますが、近年は花街によっては、簡単な品や金封を配ることが多くなりました。

こたえ✿ **お赤飯が入った白蒸し、または、白蒸しだけ**

## 42. 祇園甲部で毎年行われる「かにかくに祭」は何月何日？

祇園を愛し多くの歌を残した吉井勇を記念して祇園白川で行われます（63頁参照）。芸舞妓が菊の花を歌碑に手向け、お茶屋関係者や馴染み客などが集まり、茶席が設けられ、蕎麦がふるまわれます。昭和30年（1955年）歌碑を建てるべく祇園甲部の取締を中心に吉井勇の誕生日10月8日に向けて準備が進められたそうですが、遅れてしまい、1カ月遅れの11月8日に除幕式が行われました。以来、毎年11月8日に行われるようになりました。

こたえ✿**11月8日**

**43．吉井勇はお茶屋「大友」**（今はありません）**に泊まった時の印象から、「かにかくに　祇園は恋し　寝る時も　枕の下を水の流るる」と詠みました。「大友」に生まれ、当時、文芸芸妓と呼ばれて文人墨客に人気を博した芸妓は誰？**

磯田多佳《いそだたか》（1879～1945年）です。彼女は当時人気の尾崎紅葉の作品をすべて読みこなし、自らも文章を書き、文芸芸妓と呼ばれました。23歳でお茶屋「大友」を継ぎ、女将となり、吉井勇、夏目漱石、谷崎潤一郎、長田幹彦、横山大観、藤田嗣治など多くの芸術家や文士などが集うサロン風な雰囲気をつくりました。

こたえ✿**磯田多佳《いそだたか》**

## 44. 円山公園にある「祇園小唄」の歌碑のところで行われる「祇園小唄祭」は何月何日に行われる？

歌碑の前で舞妓が祇園小唄の歌詞を朗読して、お花を供えます。歌詞カードが配布され、もちろん一見さんでも誰でも見られます。世相が目まぐるしく変わる中、昭和5年（1930年）に生まれた流行歌が90年が過ぎた今も愛され、若い人にも受け継がれていることは他に類がなく貴重です。

**こたえ✿11月23日**

## 45. 北野天満宮の秋の豊穣に感謝する野菜の収穫祭で、10月4日に上七軒の芸舞妓がお茶屋の玄関先に並んで御神輿を拝み、行列を見送るお祭りの名前は？

上七軒のお茶屋にはお祭りの暖簾《のれん》が掛けられ、当日は芸舞妓が裾引きで御神輿を拝み見送ります。花街らしい華やかな雰囲気です。御神輿の屋根はずいき（里芋の茎）で作られ、野菜で飾られます。行列はかなり長く、一見の価値があります。

**こたえ✿ずいき祭**

初級
中級
上級

## 46. 10月22日の「時代祭」に花街の芸舞妓が歴史的な美女、小野小町、巴御前などに扮して参列します。その行列の名前は？

時代祭は明治28年（1895年）平安遷都1100年を記念して行われます。平安神宮が創建されて以来、毎年、京都御所から平安神宮へ壮大な行列が続きます。昭和25年（1950年）から行われるようになった「平安時代婦人列」には、花街の芸舞妓たちが扮装して行列します。中世婦人列にも花街が輪番で奉仕します。

こたえ ✿ **平安時代婦人列**

## 47. 祇園甲部のお茶屋一力亭で、3月20日に行われる行事は？

大石内蔵助をモデルにした大星由良助が祇園一力茶屋を訪れ、仇討《あだうち》など忘れたかのように遊ぶという「仮名手本忠臣蔵」。七段目には「祇園一力茶屋の段」があります。大石内蔵助が切腹したのは元禄16年（1703年）の旧暦2月4日で、太陽暦では3月20日に当たります。この日に彼をしのび一力亭では馴染みのお客さんを招き、「大石忌」が行われます。地唄「深き心」を井上八千代師が舞い、一力亭で見習いした芸妓も舞を披露します。

こたえ ✿ **大石忌**

## 48. 前問の続きです。大石忌に、一力亭で見習いした芸妓が舞う舞は？

地唄「宿の栄」です。一力亭で見習いした芸妓の中より、その年に選ばれた芸妓が舞います。一力亭で見習いした芸舞妓が皆集い、巴の紋入り前垂《まえだれ》姿でお接待する様子は華やかなものです。お客さんも多数招かれます。

こたえ ✿ 地唄「宿の栄」

## 49. 毎年5月に「観亀稲荷神社」の例祭宵宮祭が行われ、芸舞妓の提灯行列などがあるのはどの花街？

観亀稲荷神社は「祇園東」の氏神様で、「かんきさん」と親しみを込めて呼ばれています。宵宮では祇園東の芸舞妓が裾を引いてお揃いで提灯行列、ビールのカウンターなども出ます。暗がりに提灯の明かりで芸舞妓が浮かび上がって見える様子は花街情緒たっぷり。神社が創建された頃、この辺りは竹藪で亀が出たといわれ、この名前がついたとか。観亀稲荷神社は祇園会館の北側を約150m西へ入ったところにあります。祇園東は細い路地が迷路のように続き、花街らしい風情を楽しめます。

こたえ ✿ 祇園東

## 50. 大和大路の京都ゑびす神社で通称「初ゑびす」の行事の中で、二つの花街の舞妓が福笹と福餅を授与します。二つの花街とはどことどこ？

京都ゑびす神社では、1月8日から12日の5日間、十日ゑびす大祭（通称・初ゑびす）が行われます。舞妓が福笹と福餅の授与をするのは11日の「残り福祭」の日です。「商売繁盛で、笹もってこい！」という景気の良い掛け声が響き、商売繁盛と家運隆昌をにぎやかに祈念します。大和大路には出店が並び、福笹に縁起物を吊るして行き交う人でにぎわいます。

こたえ ✿ 祇園甲部と宮川町

## 51. 明治13年（1880年）に伊勢神宮へお参りする伊勢講「丸寿組」が結成され、大正12年（1923年）には花街に生きた先人の納骨塔が高野山に建立されたのは、どこの花街？

先斗町です。伊勢講では昭和13年（1938年）に、二見浦の二見興玉神社の参道に一対の石灯篭が献納されました。高野参りの講は「鴨川組」と言い、将軍や武家などの立派な墓所が続く高野山奥の院への参道に、京都鴨川組納骨塔が建っています。今も先斗町の人たちは毎年講をかけています。以前、私は偶然に伊勢神宮と高野山で先斗町の石灯篭と納骨塔を見つけました。以来ご縁を感じて参拝の際は私もお参りするようになりました。

こたえ✿先斗町

## 52.上七軒、祇園甲部、先斗町、宮川町（50音順）で10月に開催される秋の舞台の名前はそれぞれ何と言う？

華やかな春の舞台とは趣が変わり、秋らしくしっとりと芸を見せる舞台です。特に日舞を好む人にはおすすめの見ごたえのある舞台となります。

ちなみに、祇園東は春には舞台はありませんが、11月にメインとなる「祇園をどり」が開催されています。

こたえ✿「寿会」（上七軒）、「温習会」（祇園甲部）、「水明会」（先斗町）、「みずゑ会」（宮川町）

## 53.花街では祇園甲部の芸妓だけがする祝儀の時のお囃子を何と呼ぶ？ 黒紋付で頭に手ぬぐいを載せた芸妓がずらりと登場します。

演目には「石橋《しゃっきょう》」、「花づくし」、「七福神」などがあり、黒紋付で頭に手ぬぐいを載せた芸妓が拍子木を打ち鳴らしながら次々に登場します。快い拍子木の音が響き、「アリャ　アリャ　アリャ　アリャ…」と掛け声も華やかで、凛としたおめでたいものです。歌舞伎役者の襲名披露などお祝いの時や、特別な舞台の時などに披露されます。

こたえ✿手打《てうち》

### 54.舞台が成功裏に閉幕したなど、ひと仕事が無事に済んだ時に内輪で慰労の意味でする食事会や小旅行などを、○洗いと呼びます。○に入る漢字は？

「足」洗いと言います。サラリーマンが、ひと仕事終えたから、一杯飲もう！というノリに似ています。足洗いは芸舞妓にとって仕事ではなく内輪の会です。自前（自分たちの資金）ですることもあるし、お客さんがプレゼントしてくれることもあります。大きいねえさんによれば、若い芸妓たちは自前で好きなように楽しむ人が増えたそうです。足洗いとは、江戸時代、わらじを履いて歩いた旅人は宿に着くとまず足を洗ったことから、ひと仕事終えた、という意味があり、それに由来する言葉とされています。

こたえ✿足

### 55.お座敷遊びで、割り箸《ばし》の先を少し折り曲げて、両手に挟んでくるくる回しながら「…おささの方へ赴《おもむ》きゃれ、赴きゃれ」と歌うのは、何と言う遊び？

芸舞妓とお客さんが輪になって座り、親になった人が目を閉じて先を折り曲げた割り箸を回し、「べろべろの神様は正直な神様で　おささの方へ赴きやれ、赴きゃれ」と皆で歌い、歌が終わった時に割り箸の先が指している人が当たり。罰盃となりお酒を飲みます。おささとはお酒のことです。単純ではありますが、皆で歌いながら、誰に当たるかな？と思いながら、お酒を飲むのも楽しいものです。

こたえ✿べろべろの神様

## 56. お座敷遊びの唄です。「お若いの　遊ばんせ　若いときは長くない。お年寄り遊ばんせ　早く遊ばな○がない」の○に入る漢字は？

早く遊ばな「先」がない、と歌います。この歌詞に合わせて、皆で輪になって踊ります。「お若いの…」と歌うときは背を伸ばし、「お年寄り…」と歌うときは腰をかがめて踊ります。三味線の伴奏がだんだん早くなり、腰を伸ばしたりかがめたりするのが間に合わなくなり、腰が痛くなって滑稽な姿になったりして、実際にやってみると面白い遊びです。でも、腰痛のある人にはおすすめできません。くれぐれも気を付けて楽しみましょう。

こたえ✿先

初級
中級
上級

57. お座敷遊びの唄です。「○○や～ 波の上 ▽▽ 鉄の上 雷さんは雲の上 浦島太郎は亀の上 猫の色事 屋根の上…」と歌いながら踊って、最初はグー、ジャンケンポン で勝敗を決めます。○○と▽▽に入る漢字は？

「蒸気や～ 波の上 汽車 鉄の上 …」と歌います。蒸気船は波の上（を走り）、汽車は線路の上（を走る）、という意味です。ちょっと色っぽい唄ですが、宴もたけなわになってくるとさらに盛り上がります。ジャンケンで負けた人は罰盃《ばっぱい》となり、一気飲みします。しかし無理強いは禁物ですから、お酒を飲まない人はソフトドリンクで一気飲みか、ジェスチャーで一気飲み、罰として一芸を披露する、というのもありです。歌いながら踊る姿が面白く、皆で楽しめます。

こたえ ✿ ○○＝蒸気 ▽▽＝汽車

58. 罰盃の時に、飲む人をはやして唄う歌があります。罰盃を飲む人の名前を入れます。たとえば「鈴木さんの［　　］おにいさんはお強い、ええ男（女性なら、おねえさんはお強い、ええ女）」などと歌います。［　　］に入る言葉は？

他愛のないはやし歌ですが、その場にいると景気よくパッとした気分になり、なぜか盛り上がります。この唄の歌詞は花街により、芸妓やお客さんによりバリエーションがあって、部分的に異なる場合もありますが、それも楽しみです。

こたえ ちょっといいとこ見てみたい

## 59. お座敷遊びで、皆が輪になって、割り箸などに細長く切った紙を挟み、三味線の音に合わせて神社でお祓《はら》いして拝むポーズをとって、隣の人に順々に渡してゆきます。地方は後ろを向いて三味線を弾き、三味線を止めた時に持っている人が罰盃となります。この遊びを何と呼ぶ？

割り箸に細長く切った紙を挟んで御幣《ごへい》に見立てます。三味線がいつ止まりそうか？などと考えながらゆっくり、または早く隣の人にと渡したりして、面白く遊べます。三味線が止まった時に御幣を持っている人が、負け。罰盃となります。

こたえ 御幣回し

## 60. 芸舞妓が、肘を付いて三点倒立のように逆さに立つことを何と呼ぶ？

初めて見るとセンセーショナルです。体育の授業中ならもしかしてできるかもしれないと思いましたが、着物を着たままよくきれいにできるものだと私は感心しています。腕の力がないと難しいそうで、腕が開かないように手ぬぐいなどで縛ってする人もいます。その時のお座敷のノリなどでするそうですが、芸舞妓なら必ずするという芸ではなく、しない人もいます。

こたえ✿ **金のしゃちほこ**

**61. お座敷のことは一切口にしないのが一見さんお断りのお茶屋。機密性が高いので、幕末には志士たちの議論の場になりました。西郷隆盛のお気に入りだったといわれる仲居の名前は？　西郷との物語は新作歌舞伎などで上演されました。**

西郷はたくさんの別嬪がいる花街に遊びましたが、彼が気に入っていたのはお茶屋「井筒」のお末でした。体重二十貫目（75kg）以上もあったという太った姿から、「豚姫」と呼ばれました。西郷はお座敷で「今夜は俺のいうことを聞け」と豚姫を追い回し、豚姫が押し入れに逃げ込むと「出てくるまでは、梃《てこ》でも動かん」と座り込むものの、あっさりと「今夜は俺の負けや」と席に戻ったという言い伝えもあります。もう一人、やはり西郷が贔屓にしたお虎という仲居がおり、お末よりもさらに太って不細工だったとか。それでも「お虎と寝ているときが一番安心」と西郷が言ったというエピソードが残るほど好んだようです。柳腰でやせぎすの美人よりも、太った女性に癒しを感じたのかもしれません。

こたえ✿ **お末（豚姫）、またはお虎**

**62．長州の井上聞多（後の元老・井上馨）が高杉晋作のお座敷で出会い、井上が伊藤俊輔（後の伊藤博文）らと英国へ渡航しようとした際に、鏡を贈った祇園の芸妓は誰？　井上はこの鏡を懐に入れていたため、命拾いしたというエピソードがあります。**

「君尾」（１８４３～１９１８年）です。祇園「島村家」からお店出しした祇園の別嬪芸妓でした。お茶屋「魚品」を宿坊（76頁）としていた高杉のお座敷で、井上と君尾が知り合い、親しくなりました。英国渡航の際に君尾は井上に、「鏡は女の魂。うちと思って肌身離さず持っといておくれやす」と伝えたと言われています。元治元年（１８６４年）に帰国した井上は湯田温泉近くの袖解橋（自宅近く。現在の山口市）で反対派に襲われましたが、懐に入れていた鏡が盾になり、一命をとりとめたといわれています。

こたえ✿君尾

**63．勤王派が使っていたお茶屋「吉松」へ足しげく通い、新選組から怪しまれて土方歳三に壬生屯所へ連行されたものの、近藤勇の一言で命拾いしたといわれる芸妓は誰？**

「君尾」です。別嬪で気丈だったようで、近藤勇は「勤王芸妓の君尾だ。いくら拷問しても泥は吐かぬ。新選組は女、子どもには手をかけぬ」と言い、君尾は命拾いしました。また、料亭「明保野」（産寧坂のところにあった）へ新選組が討ち入った時も、桂小五郎（後の木戸孝允）や品川弥二郎を逃がしたと土方歳三らに拷問を受けましたが、再度近藤勇の取り計らいで助けられたと言われています。明日をも知れぬ幕末に、命を掛けて生きた男たちと芸妓たちとのかかわりは興味深いものがあります。

こたえ ✿ 君尾

## 64. 明治生まれの祇園甲部の芸妓で、アメリカの超大富豪に見初められて結婚したのは誰？

ユキ（写真提供：祇園甲部お茶屋「かとう」）

「モルガンお雪」（１８８１～１９６３年）です。彼女は姉の経営するお茶屋「加藤楼」の芸妓で、本名は加藤ユキ。彼女を見初めたのは、古美術収集に夢中になり日本を好み、京都を訪ねていたジョージ・デニソン・モルガン（米国全土の鉄道、金融を牛耳った大財閥ジョン・ピアポント・モルガンの甥）でした。モルガンは祇園芸妓のブロマイドを見て、お雪に魅かれたといいます。明治34年（１９０１年）、モルガンは祇園の縄手四条にあったお茶屋「尾野亭」を訪ねて何人もの芸妓を見ましたが、やはりすでにブロマイドを見て気に入っていたユキは特別に美しく、彼女が引く胡弓の音色にも魅了されて、夜遅くまでお座敷に居たといわれます。翌朝、一刻も早くユキに会いたいと円山の「吉水温泉」へ彼女を呼ぶという熱心さで、何とか落籍《ひか》せて結婚したいと通い詰めました。気に入られようとして贈り物をしたり、桁はずれに多くご祝儀を渡したりしましたが、あくまでも紳士的にふるまっていたといわれます。それでもユキは断り続けていました。

その40年ほど前までは鎖国していた日本。外国人に抵抗があったかもしれませんが、決定的な理由は恋人・川上俊介がいたことだといわれています。彼は保険会社に勤めるなど紆余曲折を経て、京都帝大の書記となり京都で暮らしていました。ユキは自分の花代で彼の学費を工面したり、下宿へ通って若妻のように川上の世話をしたりしていたと伝えられています。

この三角関係と、さらに断りたいためにユキがモルガンに、旦那が付いているので手切れ金として当時の金額で4万円が必要だと言い「四万円芸者」などと報道され、小説も出るなど話題騒然となりました。結果的にユキは明治37年（1904年）に日本国籍を捨ててモルガンと結婚しました。アメリカの上流社会ではアジア人への差別や偏見があったものの、フランスへ移り住み、社交界の花形となりました。モルガンが亡くなった後、昭和13年（1938年）フランスのニースから58歳で京都へ戻り、昭和38年（1963年）に肺炎で亡くなりました。当時としては稀有な国際的体験をした女性といえるのではないでしょうか。

こたえ✿ **モルガンお雪**

モルガンお雪（写真提供：お茶屋「かとう」）

# 65. 17世紀初頭、四条河原で歌舞伎踊りを踊った女性は誰？

出雲大社の巫女と称する女性、「出雲阿国《いずものおくに》」が慶長8年（1603年）念仏踊りを踊ったとされ、その後、四条河原で阿国の歌舞伎踊りが盛んになりました。旅人や地元の観客などが多数集まるようになり、元和年間（1615～1624年）には四条通の南側に三座、北側に二座、大和大路に二座、合計七つの櫓が許可されました。ところが、寛永6年（1629年）、女歌舞伎は女性の肉体的な魅力をアピールし、風俗を乱すとのことで江戸幕府により禁止されてしまいました。南座の西側、川端通側に「阿国歌舞伎発祥地」という石碑が建っており、四条通北側の川端通西側には阿国の像が建っています。

こたえ ✿ **出雲阿国《いずものおくに》**

## 66. 阿国の女歌舞伎が幕府により禁止され、女歌舞伎に代わって登場した美少年ばかりで踊る歌舞伎踊りを何と呼んだ？

女役には特に美しい少年が選ばれ、彼らの泊まる宿は宮川町にあったといわれています。若衆たちはお茶屋のお座敷へ呼ばれたりして、しだいに有名になり、江戸へ出て芸に熱心になる者が現れて、彼らが後の歌舞伎の女形の起こりともいわれています。

こたえ✿ **若衆歌舞伎**

## 67. 「…通いなれたる　細路地の～…」という言葉が出てくる小唄は、どの花街の小唄？

「先斗町」の鴨川小唄です。先斗町は、京都市内を流れる鴨川に沿って開けた街で、三条を少し下ったあたりから四条まで約500m続く細長い区域です。東山を見晴らし、目の前を鴨川が流れる風光明媚な場所に家々が立ち並び、町が開けたのが先斗町の起こりです。

こたえ✿ **先斗町**

## 68. 先斗町から木屋町へ抜ける極細い路地を何と呼ぶ？

「通り抜け」へ入ってみるとどことなく謎めいた雰囲気に魅了されます。幕末の頃、志士たちは追手の目をくらませるためにこの通り抜けを使いました。通り抜けの中には、私有地のため現在は関係者以外は立ち入り禁止としている通り抜けもあるので、注意が必要です。

**こたえ✿通り抜け**

## 69. 先斗町から通り抜けを通って木屋町へ抜けると、木屋町に沿って流れる川があります。この川の名前は？

「高瀬川」は、慶長19年（1614年）に鴨川に沿って西側に造営された運河。当時、舟運がさかんな川となり、京都ばかりでなく諸国の商人や旅人、船頭が足を止める憩いの地でした。旅籠《はたご》屋も多かったといわれています。

**こたえ✿高瀬川**

**70. 祇園甲部と祇園東は一つの花街、祇園町でした。二つに分けられたのは明治何年?**

第三代京都知事北垣国道により二つに分けられました。祇園甲部と祇園東という二つの独立した花街となっています。

こたえ✿ **明治14年(1881年)**

**71. 明治5年に京都府と民間で「京都博覧会社」が創設され、「第一回京都博覧会」が開催されました。その附博覧として芸舞妓の芸を披露したのが都をどりの始まりです。この時、踊りの振付をしたのは誰?**

片山春子、後の三世井上八千代です。祇園町の「一力亭」の杉浦治郎右衛門から相談を受けて片山春子が振付をすることになりました。それまでの京舞は一人、または数人で静かに舞う座敷舞でしたが、伊勢古市の「亀の子踊り」にヒントを得て、京都で初めて群舞形式の総踊りを考案し、新風を吹き込みました。

こたえ✿ **片山春子**

初級
中級
上級

## 72. 最初の都をどり興行のタイトルは？

作詞は大参事・槇村正直とされています（金子静枝作という説もあります）。「神風の届く地球の隅々までもわけて都は明らけく…」と始まります。開国後の日本の世界観と世界へ向けて「都」を発信する意気込みがうかがえます。アジアの日本と、ヨーロッパ、アメリカ、アフリカと地域の名前を詠み込んであり、世界各国の人が京都に集うという、東京遷都後の京都の再生に向けた博覧会への思いが歌われています。

こたえ ✿「都踊十二調」

## 73. 各花街には学校、または芸のお稽古場があります。どの花街の芸舞妓も、名取になっても、90歳を過ぎても、お座敷へ出る限りお稽古を続けます。祇園甲部の学校は何という名前？

「学校法人　八坂女紅場学園《やさかにょこうばがくえん》」、または「祇園女子技芸学校」です。「学校法人八坂女紅場学園」が運営する「祇園女子技芸学校」で芸舞妓がお稽古しています。八坂女紅場学園の歴史は「婦女職工引立会社」にさかのぼります。「芸娼妓解放令」が明治5年（1872年）に出され、明治政府も教育制度に乗り出した時期で、花街を離れて結婚したり、花街の外で働いたりする場合に困らないように、裁縫、機織り、製茶などを教える目的で「婦女職工引立会社」が各地に設立されました。その名前が仰々しいので翌年「女紅場」と改称され、当時は舞妓や芸妓だけでなく花街に暮らす女性の一般教育も行われました。女紅とは、中国の古典に典拠があり、女性の手仕事を意味する言葉とされます。

ちなみに、京都府も女紅場という名称を学校に採用し、明治5年に創立された日本初の婦女子の学校を「新英学校及女紅場」と命名し、その後何度か改称され、明治15年に女紅場という言葉を廃し「京都府女学校」と改称されました。現在の京都府立鴨沂高等学校（男女共学）の前身です。

こたえ ✿ **学校法人　八坂女紅場学園《やさかにょこうばがくえん》、または祇園女子技芸学校**

## 74.「女紅場址」という石碑があるのはどこ？

丸太町橋のたもとに立つ「女紅場址」の石碑（京都市上京区）＝撮影・京都新聞

「新英学校及女紅場」の跡を示す碑です。明治初期には女紅場という名が付いた女子教育機関は花街だけでなく、各地に設立されました。この「新英学校及女紅場」は当時特に女子に高等教育を授ける学校でした。

こたえ ✿ **丸太町通河原町東入南側（丸太町橋西詰）**

## 75. 祇園東の芸舞妓のお稽古場はどこにある？

平成12年（2000年）に、私は当時86歳の芸妓から「うちが6～7歳の頃に『美磨女紅場《みま》』があり、お稽古に行きましたえ」というお話を聞きました。ということは、100年ほど前には「美磨女紅場」が存在していたことがわかります。現在はお茶屋組合にお稽古場が設けられています。花街については本に書かれていることが少なく、口伝は大切な資料です。

こたえ ✿ **祇園東お茶屋組合の2階**

## 76. 宮川町の芸舞妓の学校は何と呼ばれる？

明治6年（1873年）に婦女職工引立会社が設立され、翌年に女紅場と改称されました。今も宮川町には「女紅場」と書かれた「書」が所蔵されています。現在、芸舞妓がお稽古する「東山女子学園」は、昭和44年（1969年）に学校法人となりました。

こたえ ✿ **学校法人 東山女子学園**

## 77. 先斗町の芸舞妓の学校の名前は？

明治6年（1873年）、先斗町に婦女職工引立会社が設けられ、翌年、女紅場と改称されました。昭和33年（1958年）に「鴨川学園」と改称され、現在に至ります。鴨川学園は、先斗町歌舞練場と同じ建物内にあります。

先斗町歌舞練場は大正14年（1925年）に着工して、昭和2年（1927年）に完成した鉄筋コンクリート、地上4階、地下1階。モダンな雰囲気は「東洋趣味を加味した近代建築」と言われました。

こたえ ✿ **学校法人 鴨川学園**

## 78. 上七軒の芸舞妓のお稽古場はどこにある？

上七軒の芸舞妓が茶道のお稽古をする西方尼寺とお茶屋の間の路地を下がったところに芸妓組合の建物があり、その中にお稽古場があります。学校組織にはなっていませんが、舞台があり、舞、鳴物などすべての芸の師匠を招き、お稽古していいます。西陣の奥座敷とも呼ばれる上七軒は、芸舞妓の人数は少ないものの、昔から芸どころと言われています。

こたえ ✿ **上七軒芸妓組合の建物の中**

初級 中級 上級

## 79. 室町時代、北野社社殿（北野天満宮）の一部が焼失し社殿修築の残った部材で東門前に茶店を建て、参拝客や旅人の休憩所としました。この茶店を起源とする花街はどこ？

当時、建てられた茶店が七軒であったことから、上七軒と呼ばれるようになりました。北野天満宮の氏子で、京都最古の花街とされます。天正15年（1587年）に太閤秀吉が大茶会を開いた際に、この七軒の茶店を休憩所とした秀吉は、献上された御手洗団子を気に入り、その商いと、山城一円の法会茶屋株を公許しました。これが上七軒のお茶屋の始まりであると伝えられています。二本の五つ団子がデザインされた上七軒の紋章は、秀吉が気に入った御手洗団子に由来しています。

こたえ ✿ **上七軒**

初級
中級
上級

80. お茶屋の起源は、神社仏閣へ巡礼する人や街道を旅人に茶をもてなした水茶屋にさかのぼります。16世紀中頃にはこうした水茶屋があったとされ、八坂神社南側に二軒あった水茶屋の名前は？

この二軒は旅人たちから「二軒茶屋」と呼ばれ親しまれました。「柏屋」は八坂神社南側の鳥居をくぐった敷地内に今もあり、赤い毛氈《もうせん》を敷いた縁台で田楽などを食べさせる茶店「二軒茶屋」と料亭「中村楼」になっています。ちなみにもう一軒の「藤屋」は残っていません。

こたえ✿柏屋と藤屋

## あとがき

京都花街と出会ってから、23年余りが過ぎました。英国の出版社からの強い依頼で京都花街について執筆・撮影することになったことがきっかけでした。芸妓さんに会ったこともなく、花街をまったく知らず、白紙状態だった私にとってはセンセーショナルな〝事件〟でした。

私はまず「花街の人たちが大切にしていることは何か」を知ろうと一生懸命になりました。そして「それを私も大切にしたい」と思いました。今考えると、ドイツへ留学した時と同じスタンスでした。大学を卒業して間もない私が、何のコネクションもないドイツへたった一人で飛び、ドイツ人社会に暮らし「ドイツとは何か。ドイツ人は何を大切にしているのか」を日々考えました。すると、驚くほど色々なことが見えてきました。ドイツ社会で人間関係は広がり、気がつけばドイツ語にも2~3カ月で不自由しなくなりました。自分なりに勉強して、ドイツを理解し、帰国後にドイツ政府観光局に就職しました。

「なぜヨーロッパと京都花街なの？」と未だに聞かれ続けていますが、私にとっては両方とも大切です。両方を自分の礎にすると、不思議に物事を理解しやすくなり、自分の世界が広がって行くのを実感しています。

これまでに何冊も本を書きましたが、今回の本はタイトルに〝検定〟と付いています。問題ごとに手短に完結する気楽な読み物として、または、何問正解するかチャレンジしながら読むのもおすすめです。

この本に書いたことの多くは、歴史的資料も、もちろんひも解きましたが、それ以上に花街の皆さんが私に語ってくださったことや私なりのフィールドワークが中心になっています。私の本や記事などの著作以外には類書はないと思います。しきたりや風習、伝統、文化というのは、誰がいつ決めたという事ではなく、自然に人々の心に生き続けて成り立ち、受け継がれながらも、時代の移り変わりと共に現象する可能性を秘めています。ですから、花街により、お家（置屋やお茶屋）により、個人により、ある程度異なる場合があります。そうした〝生きている花街〟に私は魅力を感じ、大切に書き留めたいと思います。

長いお付き合いを続けてくださり、率直に色々なことをお話くださり、教えてくださる花街の方々にはいつも感謝しています。刊行してくださった京都新聞出版センターさん、後押ししてくださったおおきに財団さん、皆さん、ありがとうございました。

2021年（令和3年）新緑の季節に

相原恭子

# ✿京都検定に挑戦！

京都通の登竜門、京都検定（京都・観光文化検定試験、京都商工会議所主催）にも毎年、花街に関する問題が出題されます。ここでは最近の出題例から一部ご紹介します。

## 第17回

◆3級

(39)京都五花街の中で、春には「鴨川をどり」、秋には「水明会」が開催される花街はどこか。

**ア** 祇園甲部　**イ** 宮川町　**ウ** 先斗町　**エ** 上七軒

(40)11月8日、祇園白川にある吉井勇の歌碑の前で行われる花街の行事を何というか。

**ア** かにかくに祭　**イ** 事始め　**ウ** 祇園小唄祭　**エ** 始業式

◆2級

(39)「北野をどり」が行われる上七軒歌舞会の舞踊の流派はどれか。

**ア** 若柳流　**イ** 尾上流　**ウ** 花柳流　**エ** 藤間流

(40)花街において、舞妓の花簪《はなかんざし》は季節を彩るシンボルでもある。9月に舞妓が髪に挿す花簪は何か。

**ア** 柳　**イ** 団扇　**ウ** 桔梗　**エ** 菊

## 第16回

◆3級

(40)「五花街のをどり」のうち、唯一秋に祇園会館で行われる踊りはどれか。

**ア** 鴨川をどり　**イ** 京おどり　**ウ** 北野をどり　**エ** 祇園をどり

◆2級

(38)京舞井上流の初世井上八千代が近衛家で舞を学んで、賜った流儀の紋はどれか。

**ア** 井菱　**イ** 木瓜　**ウ** 桔梗　**エ** 五七桐

(40) 舞妓が芸妓になる前の約2週間しか見ることができない髪型は何か。

ア 奴島田　イ 先笄　ウ 割れしのぶ　エ おふく

## 第15回

◆3級

(40) 明治5年（1872）、第1回京都博覧会の附博覧《つけはくらん》として始まり、今も祇園甲部歌舞会が4月に行っている舞踊公演は何か。

ア 都をどり　イ 鴨川をどり　ウ 京おどり　エ 北野をどり

◆2級

(39) 舞妓が晴れて芸妓になることを何というか。

ア 衿替え　イ 店出し　ウ 仕込み　エ 太鼓持ち

(40) 京都の五花街にはそれぞれシンボルとなる紋章があるが、「三つ輪」を紋章とし、秋には「みずゑ会」の公演を行う歌舞会はどこか。

ア 祇園甲部歌舞会　イ 宮川町歌舞会
ウ 上七軒歌舞会　エ 祇園東歌舞会

## 第14回

◆3級

(38) 12月13日の「事始め」に合わせて、祇園甲部の芸舞妓は感謝の気持ちを込めて（　　）を芸事の師匠に届ける。

ア 鏡餅　イ 羽織　ウ 鯛　エ 清酒

◆2級

(39) 舞妓の花簪《はなかんざし》は花街の季節を彩るシンボルでもある。8月に舞妓が髪に挿す花簪は何か。

ア 柳　イ 団扇　ウ 薄《すすき》　エ 桔梗

### こたえ

【第17回】
◆3級（39）ウ 先斗町
（40）ア かにかくに祭
◆2級（39）ウ 花柳流
（40）ウ 桔梗
【第16回】
◆3級（40）エ 祇園をどり
◆2級（38）ア 井菱
（40）イ 先笄
【第15回】
◆3級（40）ア 都をどり
◆2級（39）ア 衿替え
（40）イ 宮川町歌舞会
【第14回】
◆3級（38）ア 鏡餅
◆2級（39）ウ 薄

## おおきに財団友の会ご案内

公益財団法人京都伝統伎芸振興財団（おおきに財団）は、京都の伝統文化や花街が誇る伝統伎芸の保存・継承を目的として、京都府、京都市、京都商工会議所、京都五花街および財界人、有識者らの支援を得て、平成８年に発足。20年以上にわたり、さまざまな事業によって五花街の伝統伎芸の保存・継承や振興に寄与するとともに、花街の伝統文化の素晴らしさを国内外へ発信しています。

平成11年には、花街の愛好者の裾野を拡大し、花街の文化や伎芸に親しむ機会の拡大を図ることを目的とした、「おおきに財団友の会」が設立されました。

**「おおきに財団友の会」に入会すると…**

各花街の舞踊公演や財団独自の催しへのご招待などのほか、お茶屋さんの紹介やさまざまな情報提供が受けられます。（年会費３万３千円）

**ご入会希望・資料請求は**

(公財)京都伝統伎芸振興財団／おおきに財団

TEL：075-561-3901　FAX：075-561-3860

MAIL：ookinizaidan@juno.ocn.ne.jp

おおきに財団

## 〈京都花街についてさらに知識を深めるブックガイド〉　相原恭子　著書のご紹介

### ✿花街について総合的に知りたい方へ

「京都　舞妓と芸妓の奥座敷」　文春新書

五花街の歴史、都をどりや鴨川をどりなど舞台の歴史、花街の女性たちが今も昔も大切にして励んでいる芸、お店出しや衿かえ、姉妹の契りなどの儀式、工芸品とも言える京都ならではの衣装の美と伝統、礼儀を重んじる日常や、「まず」「ひま」「廊下とんび」などの隠語にも触れ、様々な角度からキーワード形式でどなたにも読みやすい本です。初級者から花街通の方まで楽しんでお読みいただけます。

### ✿包括的にベーシックな知識を得たい方へ。

「未知の京都　舞妓と芸妓」　弘文堂

花街をまったく知らない方から遊びなれた方まで、幅広くお読みいただけます。

Ⅰ、花街で暮らす人々　Ⅱ、一見さんお断りの楽しみ方　Ⅲ、花街の春夏秋冬　Ⅳ、町に出る芸舞妓という構成の中で、芸、衣装、しきたり、エピソード、君尾、モルガンお雪など幕末から昭和にかけての名妓たち、花街に遊んだ文人墨客、幕末の志士たちなど、花街について幅広く言及した本です。

### ✿お茶屋での遊び方を知りたい方へ

「京都花街 もてなしの技術」　小学館

京都について、花街について少しでも知ってからお茶屋のお座敷へ行けば、何も知らないで行くよりも何倍も深く楽しめます。京都の土地柄やメンタリティーにも触れながら、京都のお茶屋の「もてなし方」、お客さんとして格好のよい「もてなされ方」にも言及した本です。「もてなし」のためには、もてなす人（舞妓・芸妓）をどのように育てるかが大切。本書の中で、お茶屋や置屋のおかあさんたちが、日常生活の中で仕込み、見習い、舞妓を教育して躾ける日々を生き生きと語ります。最も大切な芸はもちろん、日本人が忘れてしまった年長者を大切にする心や、家庭教育が希薄になった現代においてケジメのある生活、日常生活に生きる作法などには、おかあさんたちのキラリと光る一言があり、読みごたえがあります。

### ✿花街に今も受け継がれる日本の作法や心遣いを知りたい方へ

「極上作法で魅せる　舞妓さんマナー集」　山海堂

舞妓さんの美しさは外見だけではありません。内面を磨くことで、さらにその人自身が美しく輝くのです。毎日の修業で身に付ける礼儀作法やマナー、話し方や所作、周囲への気配りや心遣いこそが、舞妓さんの美しさの重要なポイントなのです。その一端を一緒に学びましょう。

## 芸舞妓さんの「美」のひみつを知りたい方へ

**「舞妓さんのお道具帖」** 山海堂

舞妓さんの着物、半襟、帯揚げ、ぽっちり、だらりの帯、簪、履物、花名刺、お座敷籠、お化粧品、などなど、京都花街ならではの雅なお道具と舞妓さんの写真が満載。帯と着物の合わせ方や、美しい季節感の取り入れ方など、私たちの着物ファッションに活用できるヒントも紹介され、手元に置いて見ているだけでも楽しい本です。

## 芸舞妓のファッションを多方面から深く知りたい方へ

**「京都花街　ファッションの美と心」** 淡交社

京都ならではの伝統工芸に身を包んだ舞妓と芸妓の美の秘密。種類豊富な舞妓の簪や髪型、ポッチリ、お座敷籠、オコボ、下駄、蛇の目傘、日傘、帯、着物はもちろん、半襟、帯揚げ、足袋、長襦袢など雅なファッションを数多くの写真とともに楽しく読めます。その中には、文学に現れた着る人の人となりを表現する着物について、京友禅の着物や西陣の帯、かつら、根付、花名刺、団扇などを制作して雅を支える人々や職人さんも取材・撮影して織り込まれており、様々な角度から芸舞妓のファッションのすべてとその心を深く知る一冊です。

## 花街に生きる人々の生の声に触れたい方へ

**「京都花街　舞妓と芸妓のうちあけ話」** 淡交社

昔の芸妓たちが語った結婚や恋、今のおかあさんや芸妓、舞妓たちが語る花街の生活や芸の道など、筆者が花街の人たちとのお付き合いの中で聞いた話の数々。男性に触れられるのが嫌だったが、結婚相手が手も握ってくれないので心配になった大正生まれの芸妓や、水曜と土曜に訪ねてくる旦那を近所の人たちが水道屋さんと呼んだ話など、おおらかで屈託のないお話もたくさん。

## 京都花街の歴史や文学について知りたい方へ

**「知るを楽しむ 歴史に好奇心 ―京都花街歴史をつくった奥座敷」** ２００７年７月ＮＨＫテキスト

著者／相原恭子が講師・案内人として四回連続でＮＨＫ／Ｅテレ「知るを楽しむ」に出演し、テキストも執筆しました。幕末志士が遊んだ花街、芸妓との恋、激動の時代を生きた著名な芸妓たち、文学や歌舞伎と花街の関係など様々な角度からひも解いています。

## ✿ 京都花街について英語、フランス語、ハンガリー語、ポーランド語で読みたい方、または外国の方々へおすすめの書籍

**If you like to read more about Geiko/Geisha and Maiko in English, French, Hungarian, Polish and Estonian, the following books are recommended.**

**"Geisha A living tradition"** Carlton Books Ltd, (Hardcover, Paper Back) in English, Text and Original Photography by Kyoko Aihara

**"The World of Geisha"** Periplus Editions Ltd, (Hardcover) in English, Text and Original Photography by Kyoko Aihara

**"Geisha – A living tradition"** New Holland, (Hardcover) in English, Text and Original Photography by Kyoko Aihara

**"Geisha – Une tradition vivante"** Soline (Hardcover) in French, Text and Original Photography by Kyoko Aihara

**"Gésák - Élő hagyomány"** DEE-SIGN, (Hardcover) in Hungarian, Text and Original Photography by Kyoko Aihara

**"GEJSZA - Żywa tradycja"** Świat Książki, (Hardcover) in Polish, Text and Original Photography by Kyoko Aihara

**"Kahekone Kimonoga / Dialogue with Kimono"** Estonia-Japan Association, (Paper Back) in Estonian and English, Text and Photography by Kyoko Aihara

## ✿こたえ一覧

### 初級

1 だらりの帯
2 裾引き、引きずり、お引きずり
3 ぽっちり
4 おこぼ
5 日本髪
6 花簪
7 おかあさん
8 ねえさん
9 置屋
10 お茶屋
11 15歳以上
12 花街言葉
13 祇園甲部・宮川町・先斗町・上七軒・祇園東
14 祇園甲部・宮川町・先斗町・上七軒・祇園東
15 仕込みさん
16 見習いさん
17 千社札、花名刺
18 「へえ」
19 一見さん
20 男衆
21 祇園小唄
22 都をどり
23 北野をどり
24 鴨川をどり
25 京おどり
26 祇園をどり
27 都の賑い

### 中級

1 お店出し（お見世出し）
2 目録
3 割れしのぶ
4 髪結いさん
5 鹿の子留
6 おふく、またはふく髷
7 松、竹、梅、寒菊、独楽、羽子板などおめでたい縁起物
8 梅
9 菜の花とチョウチョの組み合わせ
10 桜とチョウチョの組み合わせ
11 藤の花、またはアヤメ
12 柳と撫子の組み合わせ、または、紫陽花
13 団扇、または、扇。祇園祭の期間は祇園祭用の簪

58 地方
59 立方
60 鳴（物）

上級

1 宿坊
2 ゴマはん
3 雑魚寝
4 廊下とんび
5 あぶらむし
6 電信棒の雷
7 （簪を）裏（向きに挿す）
8 みられ
9 水（揚げ）
10 あたり（がつく）
11 逢状
12 お遊び
13 初のぼり
14 掃除抜け
15 お祭り抜け
16 客（止め）
17 まず
18 （お）暇（をいただく）
19 （姉妹）筋
20 高野参り
21 御旦那（様）
22 年季（が明ける）
23 自前になる
24 朋輩
25 見習い茶屋
26 半だら
27 えずくろしい
28 こうと
29 こんにゃく（頭）
30 石（頭）
31 勝山
32 奴島田
33 お染め、結い綿、粋書、おしどりの雄、おしどりの雌、吹き輪、長舟、菊重ね、お俊、など
34 見送り
35 身振り言葉
36 四辻参り、または四辻の神様
37 マッチをすって、玄関に脱いである電信棒の雷さんの履物の裏に、火傷をさせるかのように、シューッと撫でました

38 背中をパンパンパンと3回たたいてもらう
39 待ち人
40 引祝
41 お赤飯が入った白蒸し、または、白蒸しだけ
42 11月8日
43 磯田多佳
44 11月23日
45 ずいき祭
46 平安時代婦人列
47 大石忌
48 地唄「宿の栄」
49 祇園東
50 祇園甲部と宮川町
51 先斗町
52 「寿会」（上七軒）、「温習会」（祇園甲部）、「水明会」（先斗町）、「みずゑ会」（宮川町）
53 手打
54 足（洗い）
55 べろべろの神様
56 （早く遊ばな）先（がない）
57 蒸気（や～　波の上）汽車（鉄の上）
58 ちょっといいとこ見てみたい

59 御幣回し
60 金のしゃちほこ
61 お末（豚姫）、またはお虎
62 君尾
63 君尾
64 モルガンお雪
65 出雲阿国
66 若衆歌舞伎
67 先斗町
68 通り抜け
69 高瀬川
70 明治14年（1881年）
71 片山春子
72 「都踊十二調」
73 学校法人　八坂女紅場学園、または祇園女子技芸学校
74 丸太町通河原町東入南側（丸太町橋西詰）
75 祇園東お茶屋組合の2階
76 学校法人 東山女子学園
77 学校法人 鴨川学園
78 上七軒芸妓組合の建物の中
78 上七軒
80 柏屋と藤屋

# ✿索引

## 相原恭子（AIHARA, Kyoko）

慶應大学文学部哲学科卒業。博物館学芸員資格取得。ドイツ留学の後、ドイツ政府観光局勤務、ドイツ語通訳を経て、作家・写真家。

著書「Geisha – A living Tradition」（英語版、フランス語版、ハンガリー語版、ポーランド語版）、「京都 舞妓と芸妓の奥座敷」（文春新書）、「京都花街 もてなしの技術」（小学館）、「未知の京都 舞妓と芸妓」（弘文堂）、「京都花街ファッションの美と心」「京都花街　舞妓と芸妓のうちあけ話」（淡交社）など多数。

写真展・講演会「知っているようで知らない日本・舞妓と芸妓の世界」（国際交流基金主催・スペインにて）、「着物との対話」（日本大使館ほか主催・エストニア、ハンガリーにて）、「京都花街ふぁっしょん展」（京都にて）など多数。

テレビ・ラジオ出演「知るを楽しむ・京都花街歴史をつくった奥座敷」（ＮＨＫ　Ｅテレ）、「ラジオ深夜便・私の心をとらえた京都の魅力・ドイツの魅力」（ＮＨＫラジオ第一）、「美の壺」（ＮＨＫ　Ｅテレ）、エストニア国営放送（平成天皇皇后両陛下歴訪特別番組）、ハンガリーチャンネル2、ラジオカフェなど多数。

**協力**

公益財団法人 京都伝統伎芸振興財団

舞妓さんの京都花街検定

発　行　日　2021年6月1日　初版発行

著　　　者　相原 恭子

発　行　者　前畑 知之

発　行　所　京都新聞出版センター

〒604-8578　京都市中京区烏丸通夷川上ル

TEL075-241-6192　FAX075-222-1956

http://kyoto-pd.co.jp/book/

印刷・製本　京都新聞印刷





ISBN978-4-7638-0748-9　C0026




表現について／本文中には現在では用いられない表現などもございますが、当時の雰囲気や社会状況を伝えるものとしてそのまま掲載しております。